漫娱图书
SINCE BOOK

古 人 很 潮 MOOK 系 列

非正常军师联盟

夜观天花板 著

目录

军师联盟

成员竞选名单

近日，一年一度的军师联盟竞选会即将拉开帷幕，各朝各代的军师们纷纷踊跃报名参选，但是名额有限，军师们各个身怀功绩，竞选委员会也陷入难以抉择的境地。万般无奈下，现将总决赛人员名单公布如下，采用投票记名的方式选出最终的军师联盟成员，请各位选民秉持公平公正的原则投出你们手中宝贵的一票。

军

王安石

代表事迹 王安石变法

职业 历史穿越伪装者，改革首席设计师

军师联盟 成员竞选名单 005

张居正

代表事迹 万历新政

职业 平平无奇的帝师罢了

诸葛亮

职业 蜀国的职业保姆，承包一切事务

代表事迹 太多了，不一一赘述，相信大家都有所耳闻

曹操

职业 神奇的反作用占卜师

代表事迹 赤壁之战（曹操：真的要这样对我吗）

军师联盟
成员竞选名单
006

李泌

职业 李家祖传军师，子孙三代都能用

代表事迹 贞元之盟

军师联盟 成员竞选名单

007

司马懿

职业 大官收割机，指基本承包过所有的高管职位

代表事迹 高平陵事变

FEI ZHENG CHANG

苏味道

职业 宰相·大官

代表事迹 瑞雪献媚

职业 宰相（皇帝和老婆，唯二可以管我）

代表事迹 玄武门之变

房玄龄

军师联盟

成员竞选名单

008

FEI ZHENG CHANG

刘伯温

代表事迹 辅佐帝业

职业 朱元璋的金手指

军师联盟 成员竞选名单

009

姚广孝

代表事迹 靖难之役

职业 和尚，明成祖朱棣专用军师

苏秦

职业 纵横脱口秀达人，抗秦正义联盟盟主

代表事迹 说韩、说魏、说齐、说楚

张良

职业 护主第一人

代表事迹 鸿门宴

军师联盟

成员竞选名单

010

长孙无忌

代表事迹 玄武门之变

职业 凌烟阁TOP1

军师联盟 成员竞选名单 011

职业 大宋操盘手

代表事迹 陈桥兵变

赵普

管仲

代表事迹 尊王攘夷

职业 齐桓公的「仲父」

晏殊

职业 富贵宰相、party之王

代表事迹 建言刘太后垂帘听政

军师联盟
成员竞选名单
012

帝系军师

不行，免谈，我做主

与君共谋之·刀俎脱险

文\明戈

任务背景

　　秦朝灭亡后，项羽紧随刘邦其后赶往咸阳，却被刘邦拦在了函谷关外。项羽大发雷霆，决定在鸿门设宴。表面为宴请，实则早已伏兵欲将刘邦直接斩草除根。

任务要求

　　你此行需要帮助谋士张良，保证刘邦的安全。

你到的时候是深夜。

晚风习习，从刘邦军营外向里看去，一片安静祥和，他们似是还不知道即将到来的危机。

正当你打算捋一下整个事件的脉络，做出下一步计划时，远远地，便瞧见一个人慌慌张张从夜色中跑来。

这人……

你细细分辨，难不成就是前来告密的楚国左尹项伯？

你刚认出他来，只听"扑通"一声，项伯掉进了沟里。

漂亮，开局水逆。

你嘴角微微抽动，打算先进去找到张良再说。可到了围栏处才想起来，这是军营，哪能说进就进？

于是你决定……

发动
【移形换影】

【跳转8】

老老实实
通报

【跳转4】

你随张良来到了主帐，三言两语便将情况告诉了刘邦。

刘邦听后急得直嘬牙花子："这可怎么办……"

张良正要张口，刘邦却忽然指向你："你说，怎么办。"

你看了看张良，犹豫后道："现在这种情况，最好的办法便是明早去向项羽道歉，称这一切都是误会。"

话音刚落，你便感受到张良忽然投来的略带惊异的目光。

"张良，你的意思呢？"刘邦又问。

"在下……与她想的一样。现在示弱才是上策。"

翌日，刘邦一大早就带着一百多人马到了鸿门。

多亏你们昨夜将了半宿的台词，刘邦在项羽面前演技一流，项羽看起来已经顺利消气，留你们吃晚饭。

刘邦："嘿嘿。"

你 & 张良："高兴得太早了。"

宴会上，众宾落座。刘邦朝北坐，张良朝西陪坐，你紧挨着坐在张良身边。

"万不可掉以轻心，不知那范增又有何花样。"张良向你微微侧头，低声耳语，眼睛却机敏地环顾四周。

他说话的热气惹得你颈间有些痒，于是你不自觉地抓了一下。

"怎么了？"他垂目看你。

你以为张良的注意力完全不在你这儿，没想到他竟留意到了你的小动作。

"呃……无事。"你连忙摇头，而后把话题转回到范增上，"你看，他又在亮玉玦了。"

"我也注意到了，恐怕他们要有所行动。"

张良话音刚落，只见范增叫了项庄一同出去，回来后的项庄明显被授意过，开始敬酒并主动舞剑助兴。

"糟了！"张良眸色一紧。

你连忙道："快示意项伯！"而后看向自己的道具栏。

A

已获得
【项伯之力】

【跳转3】

B

未获得
【项伯之力】

【跳转5】

只见项伯站起身来，也开始拔剑起舞。面对项庄不时刺向刘邦的动作，项伯屡次"以身翼蔽沛公"。

你和张良在一旁看得紧张万分。

终于，这场"意在沛公"的舞剑结束了。

"不行，我们势单力薄，这样下去只能任人宰割。我得出去找个帮手。"张良神色忧虑。

"我去找樊哙吧，你在这里看着沛公，知道你不放心。"你安慰道。

张良深深看了你一眼，而后点点头。

你找了个借口出去找到樊哙，言简意赅地说明了情况，樊哙听后激愤地冲入帐内，以死士的姿态开始与项羽交涉。

"这能行吗？"你看着剑拔弩张的局势担心道，"怕是只能当作……"

"缓兵之计。"你与张良声音重叠在一起。

张良眨了眨眼，突然说："可惜现在情况紧急，不然……"

他后面的话声音很轻，你听得不甚分明。等你反应过来他说的是什么时，只见他已经起身，与"欲如厕"的刘邦走了出去。

"沛公，您现在必须马上走。"张良和樊哙劝道。

"可这样不辞而别岂不是太不礼貌？"

张良没有理会他的拒绝："您此次前来，可有带什么东西？"

刘邦想了想后说："本想带玉斗与白璧各一双献上，临行匆忙，忘记了。"

你听后决定……

A

发动
【隔空取物】
将礼物取来

【跳转7】

B

发动
【胜券在握】
刺杀项羽

【跳转9】

4

"你好，我想找一下张良。"你客气地对守卫士兵说。

"你是何人，凭什么见我们张良大人？"

"这……"你被问住了，总不能直接说是来帮张良救刘邦的吧，这谁会信。

"你们张良大人欠我钱！"你两眼一闭开始胡说。

"哦？我欠何人的钱啊。"一道清澈明朗的声音从士兵身后传来。

你睁开眼，只见一身形纤细修长，面容俊美的男子，正挑眉看向你。

"那个……"你一时语塞，而后趁守卫转过身的时候向张良卖力地使眼色打手语。

"大人，您可认识她？"守卫一副随时准备把你叉走的模样。

张良看着你，凝神思忖片刻，而后忽然笑道："记起来了，我的确欠这姑娘钱，放她进来吧。"

你松了一口气，连忙跑到张良身边，装出一副熟识的样子。张良不置可否，大步流星往军营一侧走去。

到某个军帐前张良停下脚步，冲你歪了歪头，面无表情地冷声道："进去。"

随后将门帘拉紧，走向你厉声质问："你究竟有什么目的？"

张良的眼神似乎要盯穿你，他步步紧逼，你被迫一直后退。

"还不是为了救刘邦的命！"你被逼到角落，退无可退，于是直接招了来意。

"沛公？"张良愣了一下，随后站定，"可是项羽有所动作？"

你用手掌推着张良的胸口，打算让他后退几步，没想到不仅没推动，还感受到了他隔着衣服透过来的灼热体温。

你耳尖倏地一红，有些不自然道："你们沛公在咸阳呆得舒服，项羽自然要来打他。"

"果然。"张良一副猜到的样子，"没想到会这么快……你是怎么知道的？"

张良这一说你才想起来，人家项伯还在沟里。

你决定……

先救项伯

【跳转6】

没时间管项伯
明早巡逻兵
自会救他

【跳转2】

项伯接收到示意后，却是遗憾地摇摇头，并向你们抬了抬他被裹成粽子般的脚。

原来昨日夜里他自救了半宿，导致脚踝受伤，今日动作不便。

唉，或许应该救他上来的。

【跳转4】

你一拍脑袋，立马说道："先随我来，你自然就会知道。"

匆匆将张良带到那条沟前时，沉静如他，表情也像快要绷不住似的。

被拉上来的项伯一副强装镇定的样子，边拍身上的灰边嘟囔："得亏你们来了，再晚点我脚都要爬断了。"

"多谢前来通报！"张良向他一拱手，但是眼神却与你交汇，一副"我都知道了"的样子。

"情况紧急，我先去与沛公商议了。"说罢拉着你转身就走。

项伯在身后一脸懵："不是……我还什么都没说呢，来都来了，要不要听我说一说啊，喂……"

获得
【项伯之力】

【跳转2】

"您说的可是这个？"你从身后拿出两样礼物。

"没错，怎么在……"

不等刘邦问完，张良就打断了他。像在担心刘邦，可更像在替你解围："沛公莫在意这些细节，赶快上路要紧。樊哙，你与夏侯婴等取道芷阳小路，速速保护沛公返回，我留下应对。"

刘邦神情严峻，没有多言，随即点头离开。

张良转身看向你："你不走吗？"

"刘邦现在已经安全，我要确认你也安全后再走。"

张良听后目光一闪，那双如深潭般的漂亮眸子划过一道涟漪。随后一言不发，垂着纤长的睫毛默默看你。

他直截了当的目光让你感到些不自在，你只得低着头，用手指一下下抠着玉璧的边儿。

终于，你沉不住气开口："你没有什么想问我的吗？"

"没有。"张良淡淡说道，"我知道你与我们不同，也知道问了你也不会说。"

好吧，不愧是谋士。

于是你们静静地站在一角，各怀心事，偶尔视线交汇，他目光如炬，你却不敢对视，马上移开视线到别处……

等刘邦差不多走远后，张良进去向项羽解释谢罪，献上礼物。你扒在门口探头观察，生怕有什么闪失，毕竟这番操作属实是摆了项羽一道。

所幸，张良毫发无伤地出来了。

你心里的石头落了地，拍着胸口舒了一大口气。

"不愧是张良，就知道你没问题。"你拍了拍他肩膀。

"知道没问题还扒门缝偷看？"张良挑眉笑了下。

你傻笑着，心里却有些难过，像个没事人一样，边走边说道："鸿门宴已过，我该离开了。"

"等等。"张良突然叫住了你，"有件事想问你。"

你猜张良是要问他日后会不会成功辅佐刘邦称霸，于是准备老实回答，只是没想到你的回答和他的发问同时说了出来。

"我们还会再见面吗？"

"会的。"

张良露出得逞的表情，许是他的声音太过温柔，你只觉心跳好像漏了一拍。

你足足愣了半晌才回过神来，为了"扳回一城"，你故意大笑着胡言："能啊，我是嫦娥，你到月亮上就能见到我。"

"再见啦。"

"再见。"

据考，张良隐居黄袍山后，曾修建一书院。北宋诗人黄庭坚曾造访过此处，并有诗云：骑牛远远过前村，短笛横吹隔陇闻。多少长安名利客，机关用尽不如君。

书院名曰："伐桂书院"。

达成结局
【月中守候】

一阵疾风而过，你已经来到了军营内。可这偌大的军营，你要去何处找张良？很快，你探头探脑的诡异行踪引起了巡逻兵的注意。

"你是如何潜进来的，是不是项羽的奸细！"士兵齐齐将武器指向你。

你百口莫辩。

的确，未经通报就出现在军营内，难免被怀疑。

【任务失败】

【跳转1】

"沛公莫急，以其人之道还治其人之身，他可以用刺杀这一招，那我也可以。"

可你没想到的是刺杀失败，而且此番操作大大激怒了项羽，致使他隔日便出兵攻打刘邦。

【任务失败】

王安石

WANG
AN SHI

易燃易爆炸的偏执狂

文 / 夜观天花板

要提到历史上有哪些人物疑似穿越者，没有王安石我胖虎第一个不服气。

你说没有理由你不服？

求锤得锤，现在就给你摆事实讲道理咯。

不过，在说王安石做了哪些魔性超前的事情之前，我们得先说说宋朝当时的社会背景。

当时宋朝是搞文官政治的，最高统治者和指令发行者非历任皇帝莫属。但是担心文官专权呀，那些皇帝们就想出一职多官制度。很多人担任同一个职位，皇帝就再也不用担心被夺权啦。

不过，权力被分散，就意味着当官的人多了。而在当时，想要当官的门路也很多，除了科举制和察举制，还有一种叫作恩荫制，也可以说是另类的世袭制。

这里问题最大的就是恩荫制。只要你有一个位高权重的亲戚，即使是八竿子打不着的那种，你都可以沾沾光，混个小官当当。

谁还没有一个远房亲戚和朋友呢？这就导致当官的人更多了。

到了仁宗皇祐年间（1049—1054 年）时，内外官员数量达两万多人，甚至"十倍于国初"。

仁宗：朕也很无奈啊！

不仅如此，宋太祖有言："吾家之事，唯养兵可为百代之利。盖凶年饥岁，有叛民而无叛兵；不幸乐岁变生，（则）有叛兵而无叛民。"

就是说，养兵是一件好事啊，这样就不会担心有叛民了，所以大家要多养兵啊。

不过既然是老祖宗的话，儿子孙子总得听了。

这下好了，不仅要养着多出来的官员，就连军民也得多养一些，就当多多益善了。

正所谓"养兵之费，在天下据七八"，国家入不敷出，穷得有理有据。

宋神宗接手时，国家正处于内部穷得揭不开锅、外部有敌人入侵的局面。

神宗：好嘞，看我来力挽狂澜吧！

是的，你没有看错，在所有人都觉得这是一手烂牌想要重新开局的情况下，我们的有志皇帝宋神宗想的是大刀阔斧地干一场。

当当当当，这时候就轮到我们的主角——王安石出场了。

从小就跟着爹爹游山玩水，不，是体验民间疾苦的王安石一直都胸怀大志。

这两人一见如故，惺惺相惜。

宋神宗："当今治国之道，当以何为先？"

王安石："以择术为始。"

宋神宗："不知卿所施设，以何为先？"

王安石："变风俗，立法度，方今所急也。凡欲美风俗，在长君子，消小人，以礼义廉耻由君子出故也。"

神宗（内心窃喜）：很好，是朕的菜。

于是乎，两人一拍即合。

来呀，造作吧！

这一年，熙宁变法登上了历史舞台，每个保守派回忆起那年，都会想起被新政支配的恐惧。

嗯，你问为什么叫熙宁变法？这跟戊戌变法在戊戌年一样，没什么隐藏消息在里面，只是因为那年是熙宁元年而已。

简单直接，就怕你记不住是哪一年。

接着说熙宁变法，为了国家富强，王安石提出的新法在财政方面有均输法、青苗法、市易法、免役法、方田均税法、农田水利法；在军事方面有置将法、保甲法、保马法等。

苗法者，以常平籴本作青苗钱，散与人户，令出息二分，春散秋敛。均输法者，以发运之职改为均输，假以钱货，凡上供之物，皆得徙贵就贱，用近易远，预知在京仓库所当办者，得以便宜蓄买。保甲之法，籍乡村之民，二丁取一，十家为保，保丁皆授以弓弩，教之战阵。免役之法，据家赀高下，各令出钱雇人充役，下至单丁、女户，本来无役者，亦一概输钱，谓之助役钱。市易之法，听人赊贷县官财货，以田宅或金帛为抵当，出息十分之二，过期不输，息外每月更加罚钱百分之二。保马之法，凡五路义保愿养马者，户一匹，以监牧见马给之，或官与其直，使自市，岁一阅其肥瘠，死病者补偿。方田之法，以东、西、南、北各千步，当四十一顷六十六亩一百六十步为一方，岁以九月，令、佐分地计量，验地土肥瘠，定其色号，分为五等，以地之等，均定税数。（《宋史·王安石传》）

变法措施之精细，你要说他不是哪个211财经大学的高材生穿越过去的，我都不信。

这其中最有名的是"青苗法"。通俗一点说呢，就是将国库里的粮食贷给百姓，这样能够缓解荒年农民挨饿的状况，进而抑制民间高利贷。可以理解为国家开办农村小额扶贫银行，向农民贷款收息。

省去中间商赚差价，方便农民和国家。

这些操作是不是让身为21世纪新青年的你有一种熟悉感？不就是提前消费、抵押贷款么。芝麻花呗、蚂蚁贷款、招商信用卡……它们见到"青苗法"都得叫一声老祖宗了。

而且在轻视商业的农业社会，王安石还有着超前的商业眼光，提出国家应该因地制宜采取手段来对商业进行调控，使其得到适当的发展。

盖制商贾者恶其盛，盛则人去本者众，又恶其衰，衰则货不通。（《王文公文集》）

这超前的觉悟，你说不是穿越者，那还怎么解释？

还有"市易法"，就是指国家开办中央银行和物价局——将价格低、暂时卖不出去的东西收购回来，等到价格上涨之后，就以高价卖出。

商人：突如其来被下岗了。

政府作为操盘手，对经济进行操控，直接控制了金钱的流向，国家将会有源源不断的钱流入，空无一物的仓库再也不寂寞了。

熙宁变法实施之后，全国财政收入从宋初的1600多万贯，增加到6000多万贯。

熙宁、元丰之间，中外府库无不充衍，小邑所积钱米亦不减二十万。（《宋史》）

同时根据《文献通考》记载，元丰年间天下垦田数比治平年间多了 20 余万顷。

国库虽然充盈了，但是王安石和宋神宗却不太开心。

神宗：老王啊，这和我们想得不一样啊。

老王也很忧郁，这些官员完全不按套路出牌啊。

想当年他在陕西推行青苗法的时候，可是大获成功。但是将青苗法推向全国的时候，却有那么点变味的感觉。

地方官员为了完成指标，强买强卖，不管农民需不需要贷款，反正得接受国家帮助；有的地方没粮食发放，直接来个空手套白狼——不给粮，还要钱；还有的地方官员直接提高利率中饱私囊。据史料记载，虽然规定的利率半年是 20%，但是地方官员们却常常私自提高到 30% 甚至更多。

靠这种方法，"不加税而国用足"确实能够实现。只是财产呼叫转移，国家有钱了，农民却穷了。

不得不说，司马光对青苗法的反驳："天地所生财货百物止有此数，不在民则在官……不加赋而上用足，不过设法阴夺民利，其害甚于加赋。"还是有一定道理的。

"穿越者"王安石的思想确实领先，并且对当时的国家有好处，但是他的步子太快了一些，太大了一些。为了扩大自己的阵营，他逮着支持自己的人就提拔——虽然这些人大部分都被列入了《宋史·奸臣传》中，也是很尴尬了。

找错了人，再正确的政策也被别有用心的人搞变了味。

而文彦博与宋神宗之间的对话也能够说明变法失败的另一个原因：

彦博又曰："祖宗法制且在，不须更张，以失人心。"上（宋神宗）曰："更张法制于士大夫诚多不悦，然于百姓何所不便？"彦博曰："为与士大夫治天下，非与百姓治天下也。"（《通鉴长编纪事本末》卷七十）

意思就是你皇帝要迎合的是士大夫而不是百姓，变法让士大夫不高兴了，你还想不想好好当皇帝啦？

同理，王安石的变法损害了大多数士大夫的利益，他们不高兴就会想法子让皇帝不高兴，皇帝不高兴，王安石的变法自然就要黄了。而王安石的变法要进行下去，自然会损害士大夫们的利益，士大夫就会不高兴……

这是一个无限死循环，出路只有一条——终止变法。

轰轰烈烈展开的变法，就这样草草地结束了。

谁也不知道，如果神宗能够更有魄力一些，或是王安石没有那么急切，这场改革会不会真的改变宋朝的模样，为千疮百孔的它续上一命？

我就是我，不一样的烟火

说到王安石的病，偏执症可不是他唯一的病，他还有一大病就是——懒。懒癌重度患者，谁都别想和他比懒，因为真没人比得过他。

> 性不好华腴，自奉至俭，或衣垢不浣，面垢不洗。（《宋史》）

虽然这段话是想表明王安石很节俭，但是这里的隐藏意义不就是说他懒么？总是不洗衣服不洗脸，比包公还要黑上几个色号。

> 公面黧黑，门人忧之，以问医。医曰："此垢污，非疾也。"进澡豆令公颒面。公曰："天生黑于予，澡豆其如予何！"（《梦溪笔谈》）

因为不爱洗脸，脸太黑了，人家见了还以为王安石生了病，急急忙忙请来医生。

医生说："他没病，就是脸太脏了。"

家人赶紧让他去洗洗脸，傲娇的王安石不肯："洗脸是不可能洗脸的，这辈子都不可能洗脸的。因为我天生就是这么黑！洗脸救不了脸黑。"

其实宋朝的洗浴业非常发达，泡澡的澡堂子到处都是。王安石的老冤家苏东坡就特别喜欢泡澡，还专门为此写了一首词："寄语揩背人，尽日劳君挥肘。轻手，

轻手，居士本来无垢。"

一看就是一个爱干净的人，与懒癌王安石根本不一样。

王安石虽有懒癌，但是他的夫人吴氏却有洁癖。

缘，妙不可言。

一个整天蓬头垢面、邋里邋遢，一个见不得半点灰尘、吹毛求疵。两个人的日常大概就是这样的：

吴夫人：去洗澡。

王安石：就不。（FIRST KILL）

吴夫人：去洗头。

王安石：就不。（DOUBLE KILL）

吴夫人：去换衣服。

王安石：就不。（TRIPLE KILL）

吴夫人：已经没法子好好相处下去了！再见。

王安石：就不！（ULTRA KILL）

吴夫人：……

自己的丈夫脏点懒点，做妻子的还是能忍受的，但是当朋友的却忍不了了，毕竟王安石跟朋友待在一起的时间比和妻子待在一起的时间还长（我指的是工作时间，想歪的人反省一下自己）。当时王安石有两个好友，"三数人尤厚善，无日不过从"，三人关系很好，成天厮混在一起。

要长时间忍受王安石身上的味道，只怕是没人能做到。

如何才能够让一个满身臭味的朋友爱上洗澡？在线等，急。

王安石的朋友吴充卿和韩维忍无可忍，立马在线求助。

终于有人给他们出了一个主意：带着他去洗澡。

韩、吴二人："王兄，我们一起去澡堂谈诗词歌赋，谈人生理想。"

就这样，王安石被不知不觉"拐骗"到澡堂，还破天荒地洗了一个澡！（吴夫人感激涕零）然后又穿上了那身破衣服。

如何才能让朋友换下身上那身脏衣服？在线等，急。

司马甲：只给他干净的衣服不就行了？

大神：楼主这么操心朋友，干吗不自己给他穿？

路人乙：哈哈哈哈哈哈……

韩、吴二人福至心灵，如柯南一般恍然大悟：对啊，在神不知鬼不觉中给他换衣服！

朋友交到这个份上，真的是真爱了。

韩、吴两人不仅处心积虑带着王安石去洗澡，还在洗完澡之后给他换好新衣服。就这样，王安石才干净了一阵子。

这里插播一件趣事，王安石因为懒得洗澡，身上成了虱子最爱的去处。有一次在朝堂上，他跟宰相王珪一起向神宗汇报工作。有一只虱子想要一睹当今圣上真容，竟然偷偷从王安石的胡须中探出头来，犹抱琵琶半遮面，小心翼翼地观赏着。神宗哪里见过这样不矫揉造作的虱子？人家都怕他是皇帝，在他面前不敢抬头，只有这只小虱子，竟然敢在他面前直视他！

于是神宗当场就开怀大笑起来。

傻傻做报告的王安石一直都在状况外，直到出了宫门，在王珪的提醒下才知道有只虱子抢了自己的风头。

王安石："来人啊，将这虱子拉下去砍了。"

王珪："这可是皇上看上的虱子，你可不能随意处置。"

得了，还得拿回去供着。

你看，懒癌的坏处还是挺多的吧。

而且还给了对手攻击的点，苏洵就因此大做文章：

洗脸换衣乃人之常情，现在却有人穿着破衣烂衫，吃着猪狗食物，蓬头垢面地大谈诗书，如此不近人情之人，很难说不是奸邪狡诈之徒。（《辨奸论》）

不过王安石对此毫不在意：我就是我，不一样的烟火！

再说回王安石的懒，不仅体现在衣着上面，也体现在他对食物的选择上。他对食物从不挑剔，对他来说吃东西只是为了续命。

王荆公性简率，不事修饰奉养，衣服垢污，饮食粗恶，一无有择，自少时则然。（《曲洧旧闻》）

《曲洧旧闻》中还记录了这样一个故事，在王安石担任宰相的时候，管家对吴氏说王安石喜欢吃獐子肉。

吴氏觉得奇怪："我老公喜欢吃什么难道我心里没数？肯定是管家你看错了。"

管家便解释道："相公每次吃饭只有獐子肉被吃光了，这还不是喜欢？"

吴氏道："那你明天把别的菜放到相公面前试试。"

第二天，被吃光的是放在王安石面前的那盘菜。可见王安石喜欢的只是离自己近的菜，才不是什么獐子肉。

懒人啊，懒人，这就是懒人的心！所有的爱都是有原因的。

不过，王安石之所以不在意容貌、食物，还是因为他不愿意浪费任何时间，一直高负荷工作着。这样的生活，一直持续到他罢相之后。

没有人跟在他后面催赶，他也不用废寝忘食掏心掏肝。每日，只需带着一壶酒、一头驴、一点食物和一个老仆人。慢慢悠悠地走在山路上，饱览大好春光。累了就休息，渴了就喝酒，困了，就躺下来睡上一觉。

运气不错，梦中还得到两首小词：

伤春怨·雨打江南树

雨打江南树。一夜花开无数。绿叶渐成阴，下有游人归路。

与君相逢处。不道春将暮。把酒祝东风，且莫恁匆匆去。

谒金门·春又老

春又老。南陌酒香梅小。遍地落花浑不扫。梦回情意悄。

红笺寄与添烦恼。细写相思多少。醉后几行书字小。泪痕都了。

慢慢悠悠，时光流转，一不小心白了头。而这颗心，却还如年少一般，细腻无忧，文艺清新。如此便不枉大起大落一场，看遍繁华与千花。

张居正
ZHANG JUZHENG

人格分裂的两个世界

文 / 夜观天花板

万历皇帝登基时，才十岁。想想你十岁的时候在做什么？不外乎拿着一根魔法棒开始学着巴啦啦魔仙变身，或是将赛车的开关打开，自己跟在后面激情地喊着"冲啊，×××"，再往前靠一点就是围在一起开黑玩王者荣耀……

而人家朱翊钧，已经要坐在朝堂上，听一群大老爷们说着民生国事，还得给出建议。

朱翊钧："不不不，并不用"。

呃……我们从头再来。

因为万历皇帝年纪小，又不愿意见那些糟老头子，所以所有的奏章都是统一发向内阁，内阁中的人商议好之后给出处理意见，然后写在小纸条上，再由人送到宫内给皇帝看。这个小纸条被称作"条旨"，也叫作"票拟"。

万历皇帝看看奏章上的小纸条，说一句："朕觉得可以。"然后就自己拿红笔抄一遍，当时叫作"批红"。当然，到了明朝后期，从武宗开始懒癌发作，连批红都觉得麻烦，就直接让太监代笔。万历皇帝的爷爷，那位吸猫成瘾的嘉靖帝也是直接让太监帮忙抄写。

皇帝年纪还小，因此他的老师张居正就挑起了大梁。在手握大权的情况下，张居正开始了自己的精分之路。

作为帝师，张居正的压力还是很大的。人家都是教太子，他教的可是当今的圣上欸，就好像掌控国家最高权力，想想都好刺激。

其实，张居正一直想要教出一个合格的皇帝，所以对幼年的明神宗管教甚严。神宗刚继位不久，张居正就将小皇帝的日常安排得满满的。

神宗的课程表是这样的：

第一节课：早自习，诵读《尚书》《大学》各 10 遍。

第二节课：司礼监将各衙门奏章送上御览，老师们退在西厢房伺候。

第三节课：书法课，需工工整整写字若干幅，由正字官指点批评。

第四节课：讲解《资治通鉴》等书。

第五节课：问答课，就前面课程，和老师们做答疑训练。

以上课程只有每月逢三、六、九上朝日可以暂停，其他日子必须严格执行。即使是上朝日，也还需要复习经义和练书法，老师随时检查。

众人：才五节课，比我们现在的上午四节、下午四节、晚上三节要轻松很多啊！

神宗：我每次听课都是几个时辰，四十五分钟一堂课的你们有脸说？

不仅如此，《尚书》《大学》连读十遍大概共二十八万字，想必神宗说话肯定很利索了。

张居正："一切都是为了皇上！"

神宗："朕知道，而且先生排的课朕也很喜欢，特别是那节书法课。"

张居正一惊，脸色都变了："不可不可，皇上您可不能学宋徽宗啊，玩起来把国家都玩没了。"

神宗："可是先生，大家都喜欢看我写的字。上次我写了一幅字送人，可把他高兴坏了。"

张居正内心 OS：皇帝送的东西能不喜欢吗？

"臣看皇帝的字已经写得很好了，以后书法这门课就没有必要再开了。"

神宗："啊，朕的书法梦……"

张居正："似乎听到了什么破碎的声音。"

1578 年，神宗的课程表发生了细微的改变，在众人不曾察觉之际，那节书法课被历史课代替了。

在张居正眼中，神宗是一个可塑之才，也曾对他多次夸奖。

所幸主上年虽幼冲，聪睿异常，又纯心见任，既专且笃，即成王之于周公，恐亦未能如是也。（《答两广殷石汀》）

近来朝政愈觉清泰，宫闱之内，蔼然如春，肃然如冬。主上锐意学问，隆寒不辍，

造膝诿访，史不殚书。（《与河道万巡抚沦河漕兼及时政》）

从上面的记载中也可以看出，神宗是一个非常勤奋、好学、聪颖的孩子。大概越是资质好的孩子，也越容易让人对他抱有更高的期待吧。张居正不仅为神宗安排了满满的课程，而且对他的教学也非常严厉。

据说有一次神宗将"色勃如也"中的"勃"读成了"bèi"，张居正当场就打断他，并呵斥道："蠢货，读'bó'！"

一旁的大臣直接被吓傻：居然有人敢这样吼皇上！

神宗觉得委屈："妈咪，老师今天又吼我，一点都不给我面子！"

李太后笑眯眯："张老师做得好。"

神宗：……这是亲妈吗？

张居正不仅在学习上严格指导，而且在生活上还给予了神宗莫大的关心——拼命灌输勤俭节约的思想。

万历二年闰十二月，还只是个孩子的神宗最期盼的新年到来。心心念念想看烟花的他与张居正商量此事，张居正说："放烟火多浪费钱啊，以前放是为了事母和奉神。皇上你刚刚登基，应当节省。你不知道现在国家有多穷，要是乱花钱，百姓不高兴了，你皇帝都没得当。"

小皇帝：不让放就不让放，还咒人家亡国，讨厌死了。

张居正："皇上可是不乐意？"

神宗："没，没有……"

他日，上日讲毕，问居正："元夕烟火鳌山，祖制乎？"曰："非也。成化间，以奉母后，时多谏阻。今新政宜裁。"上曰："然。"（《明史纪事本末》）

在张居正看来，让神宗严格规范自己，勤俭节约、勤奋好学是为他好，却从未想过被拼命压抑个性的神宗在日后失去约束的时候，会不会反弹上天？他从不这样想，神宗的母亲，也更是不会这样想。

在儿子的教育问题上，她与张居正的态度达到了高度统一。

《明神宗实录》中有记载，神宗在 17 岁的时候，有一次和太监们一块儿喝酒唱歌（按照古代的要求来说，17 岁已经到了可以喝酒的年龄），醉酒之后的他想要当一次歌手导师，就拉着小太监问他会不会 freestyle，非要他来唱一段。

小太监："皇上，奴才……奴才没有 freestyle。"

神宗："朕宣布你——死亡！"

说完，神宗就提起剑准备砍了小太监。

小太监当场蒙掉：皇上，您怎么不按套路出牌啊。

还好有人在旁边帮忙，这才只砍了头发。

冯保一见神宗发起疯来了，立马就将这件事告诉了李太后。太后一听，让人立刻将神宗带过来。

神宗醉醺醺地看着李太后："欸，我怎么看到了两个母后……"这样一想，他顿时吓清醒了：两个母后太可怕了！

李太后："喝酒、砍人，你下一步要做什么？放火烧宫吗？"

神宗跪在地上，大气都不敢出一个，听着李太后骂了整整两个时辰。骂完之后，李太后觉得有些累，于是回去休息了一会儿。中场休息完毕，又重新回来骂这个败家玩意儿。

神宗实在是受不了了，哭唧唧地说："妈咪，我错了，以后我再也不敢了。"

李太后冷冷地看了他一眼，将一本《汉书》丢到他面前："别哭哭啼啼的，让人心烦，翻到《霍光传》看看。"

神宗抽了抽鼻子，可怜兮兮地翻开书，突然想起了关于霍光（西汉权臣）的这段历史：霍光他废过皇帝！

小皇帝冒起一身冷汗：我身边不是也有一位霍光吗？妈咪这是要废我的意思？

"妈咪，我错了，我真的不会这样做了……"神宗又开始哭起来，而且更加卖力，梨花带雨的好不凄惨。

李太后："原谅你也可以，不过你得写个检讨，让哀家看到你的诚意。"

纳尼？神宗懵了，他都是十七岁的皇帝了，在这群宫女面前哭哭啼啼丢人也就算了，现在还要丢脸丢到全国去（当时皇帝写的检讨叫作"罪己诏"，要做成通告，发布在全网各大主流网站，并且置顶一个月）？

不写，打死都不写。

"孩子没有教育好，当老师的我也有责任。"张居正站了出来，"不如由我来写检讨吧。"

最后，这场闹剧还是以张居正代神宗写检讨而收尾。

张居正对神宗的教育可谓尽心尽责，而且对国家也是呕心沥血。当时神宗继位之时，国家已如在风雨中飘零许久的破船，破旧，甚至不堪一击。

之所以会变成这样，原因有三：一是赋税重。一直以来，苛捐杂税五花八门，百姓负担重，为了逃避交税四处逃跑，国家交税的人少了，生产力也下降，国家能够有钱才怪。

据有关资料显示，洪武二十六年（1393年），全国尚有857万余顷田土，1065余万户人家，6054余万口人记录在案。而从洪熙元年（1425年）起，全国却一直只有400余万顷田土，990余万户人家，5000余万口人记录在案。短短几十年时间，田土减少400余万顷，户减近百万，人口减近千余万。除了记错、豪强隐瞒，农民逃亡应该也是导致这种现象发生的一个重要原因。

这种问题其实很早就有：

民避赋役，多为僧尼，至二百万人，寺有三万余区。（《魏书》）

为了避免交税，当时众多人都直接选择出家。

你问为什么不去收有钱人家的税，很好，很聪明。但是根据当时的规矩，只要家里有人考上功名，就可以免除赋税徭役。就算家里没有一个考上功名的，人家也可以通过贿赂来隐瞒真实的土地情况。

有钱人：有钱真的可以为所欲为。

第二呢，是政府开销大。当时的明朝与蒙古族的关系不太友好，时不时就干上一架，而打架是个耗钱的事情。除此之外，还有一件事得朱元璋背锅。当时他担心那些皇亲国戚不安分，所以不给他们权力，白白养着他们。一开始几十人，国家还是养得起，但是到了后期，人数暴涨几十倍……数量实在可怕，真的是要将他们明朝吃穷。

第三呢，是当时贪污严重，比如严嵩被抄家时家里有黄金30万两，白银200万两。

嘉靖帝：比朕小金库的钱还多！可恶！

当时国库里都只有10万两，由此可见明朝是有银子的，就是银子不在国库。

就在这种国家存亡（要穷死）之际，张居正提出了改革。

他下发的第一份文件为《一条鞭法》，又名《税收制度改革》，内容如下：

一条鞭法者，总括一州县之赋役，量地计丁，丁粮毕输于官。一岁之役，官为佥募。力差，则计其工食之费，量为增减；银差，则计其交纳之费，加以增耗。凡额办、派办、京库岁需与存留供亿诸费，以及土贡方物，悉并为一条，皆计亩征银，折办于官，故谓之一条鞭。（《明史》）

用现在的话来说就是今年收税不乱收，上交银两就够了。因为在朱元璋时期，经济不是很发达，农民手上有什么，就上交什么。他们交出的东西国家不一定需要，就造成了不必要的浪费。等到了明朝后期，经济发达了，农民手上的钱多了，就可以直接用钱来代替物品上交。

以前的税收名目多，现在统一了，农民少花钱，国家多赚钱，省去中间商赚差价。

不得不说，张居正还是很有商业头脑的。

在他的政策推行下，当时空空的国库库存暴涨，一下子就有了400万两银子，不仅为"万历三大征"提供了坚实的物质保障，更为这个破旧的王朝续了一口命。

在张居正离世前，北京粮仓的粮食够吃九年，稳定的小金库（不是紧急情况不乱动的仓库）里的存款有600多万两银子。太仆寺保存到400万两，南京库房增加到250万两，广西、浙江、四川省库平均存款在15万至80万两之间。

真的是很厉害了。

在当时，还发生了一件知名度不高，但却让人倍感骄傲的事情。嘉靖年间，倭寇经常来犯，嘉靖帝一声令下，抗倭模式开启。不过这也只是停留在打打小怪的程度上，战争真正进入高潮时期，还是在张居正改革的时代。

早在成化正德时期，造船是不受国家支持的，甚至船造得太大了都是要掉脑袋的。当时倭寇和葡萄牙的战船都是完虐大明水师，明朝战队一直都是完败战绩。

直到张居正改革时期，国家鼓励制造巨型战舰，大明水师满血复活。当时有体型巨大的一号福船和蜈蚣船，名声响彻海外。一号大福上有千斤重型炮，火力升级，敌人看了是要绕道逃走的。当时的大明水师称霸东亚海洋，可以说是无人能敌。

在后来的万历朝鲜战争中，强大的大明水师也是完爆日本队，威风得不得了。

宁愿我负天下人，不愿天下人负我

张居正死后，神宗为之辍朝，赠上柱国，谥"文忠"。

谥文忠，赠上柱国衔，荫一子为尚宝司丞，赏丧银500两。是不是觉得很有面子？

但别急着下结论，这里还有一个"但是"——

在张居正死后的第四天，神宗就派人抄了他的家，并夺取生前所赐玺书、四代诰命，以罪状示天下，张居正险遭开棺鞭尸，而他的家属或饿死或流放……

张居正：我的棺材板快压不住了！

确实，要我是张居正，肯定也按捺不住了。想想当他在世的时候，师慈徒恭，两人还一起从诗词歌赋谈到人生理想，一起看星星，一起吃面……

呃，是不是有什么东西乱入了？

不，你没有看错。在万历二年五月，张居正就与神宗一起吃过面，而且还是皇帝亲手煮的面。

辛巳，上御文华殿讲读时，辅臣张居正偶患腹痛，上知之，手调辣面一器以赐，并辅臣吕调阳各赐金镶牙箸一双同食。（《明神宗显皇帝实录》）

张居正：是啊，当年臣腹部疼，皇帝还亲自为我调好佐料，没想到人一死，就不值钱了。难道当年那些回忆都是假的吗？我不信不信不信！上次臣生病之后，皇上还让群臣跟着一起祈福，他这么关心臣，肯定是不会做这样的事情的！

张居正一直都记得，有一次他生病了，明神宗知道这件事后专门派人来问他的病情，还送了许多银两给他。明明是那么节俭的孩子，对他却异常大方，还让群臣一起为他祈福。这样的殊荣，说起来都像编造，但这都是真的！

是的，都是真的，神宗尊敬张居正的时候是真的尊敬他，而恨他的时候，也是真的恨他。归根结底，还是要从"夺情"事件开始说起。

万历五年（1577年），张居正的父亲去世。明朝是一个非常注重孝道的朝代，认为不能尽孝何来忠君。所以按照当时的规定，张居正要回老家守制27个月，期满之后才能重回朝堂。

张居正本该回家的，但是问题来了：当时的神宗才十五岁，哭唧唧地拉着他的衣袖不让走。内阁之中也没有合适的人来代他执掌政务，而且如果他真的走了，等两年之后再回来，五年的辛苦运作岂不是全都付诸东流？

不能走啊，不能走。

但是不走的话，就会落人口实，当初他的新政动摇了一些人的利益，这些人抓住机会肯定会疯狂踩他。虽然皇上不会听信他们的话，但是留给后世的名声不好啊。

身居高位，用千万人阻挡俱往矣的气势来改革，为的是什么？不就是留个好名声么。不对，是为国效力。

如果，现在自己一走，那些反对的人肯定会尽情造作，恢复旧制。

不可，不可。

张居正也很苦恼啊。

不过这事情也不是没办法解决，唯一的办法就只有"夺情"。夺情的意思是皇帝站出来阻止大臣回家丁忧。丁忧只是家事，在国事面前理应让步。这种事情在历史上也曾有过：成化二年，朱见深二十一岁，国家也没发生什么大事，但是人家喜欢首辅李贤，硬是不让李贤回家，当时也没人敢瞎说什么。

于是，当张居正交出想要回家的申请时，神宗拒绝了：师父不能走。

只是这样肯定不能堵住众人之口，于是张居正再次情深意切地表达了自己想要回家的心情。

神宗自然是拒绝。

等到张居正第三次提交申请时，小皇帝差点在朝堂上哭出来说不能让他走了，也是给足了张居正面子。

但是有人就是不给皇上面子，还是疯狂上疏：皇上啊，礼法不能丢啊，怎么能让张居正留下来呢？若是您执意如此，老臣就不干了！

神宗：好的，朕恩准了。

大臣们：？

这样闹下去也不是办法，为了堵众人之口，张居正决定无薪加班，而且还不参加任何喜庆的活动，等到第二年一切走上正轨，他就回去葬父。

神宗：好的，好的，只要先生不走，说什么朕都答应。

张居正以为这件事到这里也算了结了，但没想到那群人根本不放过他。更过分的是，站出来 diss 他的居然是他的学生，这在尊师重道的明朝历史上可算是头一回。

他的学生为什么反对他呢？当时反对张居正的人可是没有好下场的。难道他们有受虐倾向？

不不不，其实反对张居正的人虽然没什么好下场，但是人家可以蹭热度啊。

当时张居正夺情之事红遍整个网络，但凡与这件事有一点关系的，全都上了热搜前十。只要他们站出来反对张居正，"公正学生上疏痛诉，只为让师父回心转意"这种话题就会噌噌地成为人们讨论的热点了。

张居正：这些心机学生！老夫的这一口血……

当时学生的反水确实给张居正造成了致命的打击。原本他的改革就不被世人看好，在反对和指责声中踽踽前行的他本以为至少还有那群学生是他坚实的后盾。他们会将他的思想传递下去，明朝还有救。但没想到，在背后给他 N 箭的竟然是这群白眼狼。

而且，那些大臣们，竟然逼到了他家！这是要他死啊，他们就这么容不下他？

跪在地上四处寻找刀的张居正痛哭流涕："你们杀了我吧！杀了我吧！"

张居正一直都是一个克制、理性的人，他讲究自己的穿着，在意自己的形象，而在最后一刻，他彻底崩溃了，没有了形象，也没有了尊严。

他欲真心待众人，没想到众人只想让他死。

从那一刻起，张居正心如死水。

来吧，尽情地浪吧。

夺情事件之后，秉着破罐子破摔的原则，张居正开始了放荡的生活。在江陵，他花费二十万两白银建造太师府，神宗为了表示支持，还亲自为他写了堂匾、楼匾、对联，而且还拿出一笔内帑，作为建造资金。

众臣们：看来他这是倒不了啊。

有"眼色"的一群人纷纷学着皇帝的样子，带着礼物前往张府。

张府仆人：不收不收，我们家老爷最讨厌受贿了，他清正廉洁，银子礼物什么的都拿走。

张居正：不收如何安他们的心？收着！

张府仆人：这……这不是我们家老爷……

做官前，张居正家中只有田地数十亩。他死后被抄家时，抄出黄金 2400 两、白银 17700 两、金器 3710 两、金首饰 900 两、银器 5200 两、银首饰 10000 两，另有玉带 16 条，良田无数。而他身为一品大员，月俸不过 87 石米，即使他不吃不喝，一生薪俸加起来，也只有两万两白银。

显而易见，张居正贪污了。但是，这数量与神宗想得相差甚远。张居正就算再疯狂和精分，他也不会像严嵩一样毫无顾忌地贪污，毕竟他的心中还有一杆秤，他的心是偏向百姓的。

到了回家葬父的时候，真定知府钱普派人给张居正送上了一顶三十二人抬的大轿。

这顶轿子够张居正吹一辈子了。因为在当时对轿子的大小是有规定的：

弘治七年令，文武官例应乘轿者，以四人舁之。违例乘轿及擅用八人者，奏闻。（《明史·舆服志一》）

超过八个人抬的轿子是违反规定的，而张居正的这顶轿子，更是前所未见，称得上是全球首发豪华版第一大轿：前面是起居室，后面是寝室，两边还有走廊，专门有童子在一旁伺候。

又造步輦如斋阁，可以童奴，设屏榻者。（《万历野获编》）

张居正：真是有前途的小伙子。

在这之后，张居正经常坐着这顶全球首发豪华版第一大轿四处秀，美名曰"下乡考察"。

当时在回乡途中，张居正可长了不少面子。只要是他所到之处，都安安静静，井然有序。百姓们出来跪拜，就连藩王都打破传统出来迎接。

而他的运气也非常好，一路畅通无阻，连红灯都没遇到一个。

据说当时的官员们知道他来了，都出来相迎，湖广巡按赵应元因为生病没来迎接，张居正直接找了个由头将他贬官。

赵应元：谁知道当官连生病都不行？太艰辛了。

在夺情事件之前，张居正为了避嫌，是不允许家人出去跟官场中人厮混的。夺情事件之后，张居正的两个儿子去参加会试，直接包揽了第一名和第二名。当时人们议论纷纷，都觉得其中有猫腻。

今上庚辰科状元张懋修，为首揆江陵公子。人谓乃父手撰策问，因以进呈。（《万历野获编》）

也有人说是老子出题，儿子去考，所以考得状元很正常。

张居正（拼命摇头）：才不是，我儿子那是有才。

神宗：老师对朕有恩，朕无以为报，照顾一下他的儿子还是可以的。

张居正的儿子（脸红）：凭自己本事作弊的那叫作弊吗？凭什么说人家作弊了？

明朝的科举，考八股文的时候非议比较多，不过出来的 89 个状元，很少跟作弊丑闻牵涉在一起。但是因为皇帝的权力大，点状元都是随心所欲，所以也会出现像张居正儿子的这种情况。

也有皇帝因为自己的荒唐想法，放弃真正有才的人，比如说嘉庆帝点状元时，发现第一名叫吴情，当时就把这个人无情地划掉了。

嘉庆帝：状元怎么能够无情？不行不行。

还有永乐帝，直接将孙曰恭的名字弄掉了，因为他把名字看成了"孙暴"。

拱手抱拳：一个比一个荒唐，在下真是佩服佩服。

再说张居正安葬完父亲，让人将母亲接到京城。沿途有人送来绿豆汤和各种精美食物，太夫人吃得那叫一个开心。见到张居正之后还拼命夸奖这人会做事，张居正立马将此人升迁。

江陵归葬公还朝，即奉上命，遣使迎其母入京。比至潞河，异至通州，距京已近，时日午，秋暑尚炽，州守名张纶具绿豆粥以进，但设瓜蔬笋蕨，而不列他味，其臧获辈（家奴厮役之类）则饫以牲牢，盖张逆知太夫人途中日享甘肥，必已属厌，反以凉糜为供，且解暑渴。太夫人果大喜，至邸中谓相公曰："路烦热，至通州一憩，始游清凉国。"次日，纶即拜户部员外郎，管仓、管粮储诸美差。（《万历野获编》）

只要老太太一开心，一个普通的官员就可以升迁，张居正也是很任性了。

当时他的学生见此情景（还有一群喜欢拍马屁的留在他身边），也是蠢蠢欲动。好不容易等到张居正生病，大家争前恐后写歌颂的文章，并四处为张居正祈福。

当时京城里帮忙代笔的书生、道士、和尚由此窥得商机，只盼张居正多生病几次，他们发家致富就不是梦了。

1582 年 7 月，张居正去世。

神宗从上疏的奏章中知道了自己老师的真实面目，觉得一直被教导勤俭节约、严于律己的自己就像是一个大大的笑话。他愤怒气恼，感觉自己被背叛，他冲动鲁莽，想要证明自己掌握了大权。所以，他第一个下手的，就是曾经最信任的老师……

纵观张居正的一生，他鞠躬尽瘁，为国家劳心劳力，但是在夺情事件之后，他滥用私臣、任人唯亲、收取贿赂……他集多种性格于一身，是分裂的、矛盾的。

而将他逼至于此的，是一心想要改革的自己？是被触动利益的大臣们？是无法做主的神宗帝？还是本就奄奄一息的大明王朝？

那个因夺情而徘徊的张居正，那个因文官指责而羞愤痛苦的张居正，那个被人逼得无路可走的张居正……在众多宰相中，他的经历不是最特殊的，有许许多多与他一样，因改革而背负骂名的，因改革而抑郁人格分裂的，因改革而下场悲惨的……不过，这些人创造了历史，并将永远被铭记。

诸葛亮
ZHU GE LIANG

爱种地的六边形战士

文 / 明戈

夕阳西下。

一个身形颀长的白衣少年，正在一片油绿田野中垂首而立，身上被斜阳镀上了一层薄薄的金光。他面容清俊，眼睛狭长而明亮，一对剑眉斜飞入鬓，五官带着一种淡漠的疏离感，整个人的气质宛如雪间明月，楚楚不凡。少年眉头紧锁，似乎在凝神思索些什么重要的事，口中还在喃喃自语着，就连同伴的呼唤声都没有听到。

"喂，想什么呢？"

同伴走近，轻轻拍了下少年肩膀。少年一惊，而后抬起那双漂亮的眼睛，极为认真地开口："你说……我这垄地是种芋头还是茄子？"

这位同伴是石韬，而少年就是诸葛亮，此时两人都在荆州游学。

诸葛亮平日里书读得奇快无比，旁人还在咬文嚼字，逐句解析的时候，诸葛亮已经看完一本了，这也让他有更多的空余时间耕田种地。

石韬曾问过诸葛亮，看那么快岂不是只知大意，不闻详解？

诸葛亮勾起嘴角："要的就是不求甚解。"

石韬以为诸葛亮种地种疯了。

但诸葛亮继续道："对于那些不重要的细枝末节，读得细反而影响抓住书中精髓。就像那些统领全局的将领一样，看书要懂得'观其大略'，不应执着于一城一池。"

一众同窗听到后纷纷点头，表示学到了。诸葛亮也很欣慰，自己也算是为老师司马徽分忧了。

期末考试结束，司马徽看着一沓零分试卷，对着诸葛亮嘴角微微抽动。

"教得很好，以后别教了。"

诸葛亮除了读书方法奇特，志向也很神秘。有一次他与石韬、徐庶、孟建聊天，说他们以后做官，可以做到刺史、郡守。三人反问诸葛亮，那你呢？诸葛亮笑而不答，满脸写着"你猜"。

所以诸葛亮的朋友们对他一开始的印象，就是神秘、聪明、爱种地。

建安六年，刘备被曹操打败后，投奔了刘表，其间与司马徽会面，问他有没有什么贤才军师推荐。

司马徽想了想说："不知道您听没听说过卧龙？"

此时，我们的卧龙正在隆中务农。要是换成别人，被导师写了推荐信，早就开开心心上班去了。可诸葛亮却是继续挥着锄头，压根没在意。

建安十二年，徐庶又向刘备推荐诸葛亮，还说若刘备要见这个人，须得屈尊亲自去见。一来二去，刘备的好奇心被勾起来了。尤其在去了两次都没见到诸葛亮本尊后，这种好奇心简直到达了顶峰。

——这么有个性的军师，想必是有大能耐的。

当刘备第三次来到隆中找诸葛亮时，诸葛亮才在睡醒后优哉游哉地出来了。

"孤不度德量力，欲信大义于天下；而智术浅短，遂用猖蹶，至于今日。然志犹未已，君谓计将安出？"刘备真诚又谦虚地发问。

"简单。"诸葛亮微微一笑。

"自董卓已来，豪杰并起……将军身率益州之众出于秦川，百姓孰敢不箪食壶浆以迎将军者乎？诚如是，则霸业可成，汉室可兴矣。"

诸葛亮这番申论对答，可以说是审时度势，高瞻远瞩。蜀国的内政外交，被规划得清晰无比。而三国鼎立的蓝图，也被绘制得相当周全。

刘备听后，惊得下巴都要掉了。

"您真乃神人啊！"

诸葛亮一摇羽扇。

"那是，写了好几年呢。"

"您说什么？"

"咳咳，等了您好几年呢。"

诸葛亮这番欲擒故纵，除了考验刘备是不是真心请自己出山，同时还检验了刘备是不是一个虚怀若谷、爱惜人才的君主，可谓一箭双雕。

诸葛亮到了刘备集团一年后，便赶上曹操麾军二十万南下荆楚。刚即位不久的刘琮一听，心里凉得透透的，这不完犊子了吗？于是举荆州而降。

诸葛亮听说了，连忙去找刘备。因为此时若能及时攻打刘琮，便可趁机占领荆州。面对诸葛亮的提议，刘备没说话，只给出了一个于心不忍的表情。

　　诸葛亮一叹气：行吧，谁让这是自己选的主公。

　　当后来刘备逃难时，满城百姓都跟着刘备跑，刘备也不抛弃他们，这令刘备的队伍每天只能行进几里。要知道，曹操为了赶尽杀绝，可是率了包含虎豹骑的五千精锐追击刘军，追上他们只是时间问题。

　　果然，在长坂坡，曹军大破刘军。诸葛亮很是头疼，因为经此一战，徐庶被曹操以老母胁迫，挖到了曹营。本就人才稀少的刘备集团，更是雪上加霜。

　　同年，刘备再次败走夏口。对比起曹操这个有财有势的超级战队，刘备的队伍宛如路人五排，跟闹着玩似的。

　　刘备向诸葛亮发起语音提醒：救救我！

　　诸葛亮拍拍自己胸口，站起身来："无妨，看我的。"而后摇身一变，成了军师版谈判专家。随后诸葛亮前往柴桑，去会见了孙权。

　　"海内大乱，将军起兵据有江东，刘豫州收众汉南，与曹操共争天下。"

　　其实按照实力来说，刘备在这两人面前是排不上号的。但诸葛亮开局就把刘备暗戳戳提到了三人可均分天下的高度，孙权一下子都没反应过来。

　　孙权："好像哪里怪怪的，但你继续说。"

　　诸葛亮一边摇扇子，一边慢悠悠开口："将军若想与曹操抗衡，就该尽早出兵。像您这般犹豫不决，我建议不如趁早携东吴向曹军投降。"

　　孙权一皱眉："那你怎么不建议你主公投降？"

　　诸葛亮眸子含笑，轻飘飘道："我家主公有气节，不可能投降。"

　　孙权："噢……"

　　孙权过了半晌一拍大腿："你骂人可真高级啊！我就没气节了？话说回来，你家主公有那个实力跟我合作吗？"

　　"自然是有。今战士还者及关羽水军精甲万人，刘琦合江夏战士亦不下万人。再加上曹操远道而来，所谓'强弩之末，势不能穿鲁缟'者也，曹军又不会水战，

肯定能行。"

诸葛亮乘胜追击，递过去一张新鲜大饼。

孙权尝了尝：不错，挺香。

就此，孙刘联盟正式成立。

赤壁一战，曹操大败，窜天的火舌燎得曹军片甲不留。拿下荆州四郡后，诸葛亮和刘备又按照《隆中对》的计划，进攻益州。

建安二十四年，刘备南渡沔水，在定军山扎营，占据险要，与曹操两相对峙。面对曹操运来的千万粮草，刘备立刻派人到成都，让诸葛亮调兵支援。这场汉中之战自建安二十二年开始，经过两年的拉锯，终于以刘备获胜告终。

当年秋七月，刘备称汉中王。

一切都在按部就班地进行，形势一片大好。可同年冬天，正当关羽水淹七军，把曹操的主力军打得全军覆没时，吕蒙却白衣渡江，拿下了刘备的大后方——荆州。随后关羽也被斩于马下，命丧黄泉。不久曹操去世，局面刚好是诸葛亮早就说过的天下大变。

刘备很慌："荆州没了，咱们还能赢吗？"

诸葛亮再次站了出来："主公莫急。我们可以先拿下南中，收编南蛮异族作为战斗力，而后剑指陇西。"

"陇西？"刘备不解。

"既然已经失去荆州，我们日后便由汉中和西凉出兵，同样能实现当初的计划。"

诸葛亮应时而变的战略规划，就如同自己当年读书一样。只要有最核心的思想在，剩下的一切部署都是发散出去的细枝末节。

章武元年四月，曹丕篡汉后，刘备于成都登基。所谓国不可一日无法。诸葛亮这边制定完规划，那边又紧锣密鼓地开始推行自己编写的《蜀科》。

当年刘璋治理蜀地的时候，士大夫多仗势欺人，于是诸葛亮厉行"先理强，后理弱"的政策。针对官员，诸葛亮又制定了八务、七戒、六恐、五惧等条章，令政治清明。

法规条条列列严谨细致，公正公平，且都未设置重刑。同时努力扶植农民，发展农业。

结果还没等诸葛亮休息两天，刘备那边又出事了。

刘备并没有按照诸葛亮的计划行事——他太想夺回荆州，也太想为关羽报仇了。于是仅仅三个月后，刘备发动了夷陵之战。

经此一战，蜀汉集团损失惨重，军队死伤数万人，将军张南、冯习等皆战死。刘备逾山越险，才逃进了永安城。

诸葛亮气得直拍大腿：我这个不省心的主公呦！

"法孝直若在，则能制主上，令不东行；就复东行，必不倾危矣。"

主动约架又打输了，刘备羞愤难当，加上身体本就抱恙，由此一病不起。章武三年，刘备病重，把诸葛亮召到了永安。

"君才十倍曹丕，必能安国，终定大事。若嗣子可辅，辅之；如其不才，君可自取。"

亮啊，你是我见过最聪明的人，蜀国有你，兴复汉室没有问题。我那个儿子如果有辅佐的必要，你就辅佐。

如果才智不佳，你就自行取度。

刘备死后，有人跟诸葛亮说："你是厉害的，可你这个主公太羸弱了，这回你可解放喽！"

过去学堂的同学也说："当年我们问你以后可以官居何位，你笑而不语。原来丞相都不够，如此托孤，你是要当摄政王啊！"

诸葛亮鸦羽般的睫毛下，眼神里是所有人读不出的情绪。诸葛亮能理解这些话语。毕竟在这杀人不见血的乱世里，谁不为自己活着，谁又没有一颗玲珑心？

想当年，刘备来三请自己出山，不也是因为自己的"别有用心"吗？诸葛亮走出大殿，仰头看着漫天的紫色霞光，薄唇紧抿，泪水却早已不声不响地从眼眶流下。

其实他一天都没后悔过追随刘备。

他姜太公钓鱼般种了十年的地，等的就是刘备。

初平四年，诸葛亮 13 岁。

由于父母双亡，叔父诸葛玄回徐州照顾他。而此时，曹操为父报仇的大军已经赶至徐州。

"凡杀男女数十万人，鸡犬无余，泗水为之不流。"

曹操几乎屠了整个徐州城，年幼的诸葛亮辗转逃难。随处可见的残肢断臂，给年幼的他留下了抹不去的阴影。

仅一年后，曹操再屠徐州，战火甚至波及了诸葛亮的故乡琅琊。

就在徐州百姓孤立无援时，有个人率着一支仅有几千人马的军队赶来了。而让所有人想不到的是，那人以卵击石的抵抗，最后竟然真的成功了。

年少的诸葛亮问叔父，这人是谁？

叔父告诉他，他叫刘备。

从那以后，刘备这个名字就深深印在了他的脑子里。

在诸葛亮加入蜀汉集团后，面对长坂坡一战前，刘备依旧执意要带上百姓逃亡的"妇人之仁"时，刘备说："夫济大事。必以人为本，今人归吾，吾何忍弃去？"

诸葛亮知道，他没跟错人。因为这句话就是他的心声。

年幼的经历与多年的躬耕生活，令诸葛亮一直了解百姓疾苦，也从骨子里关切百姓。所以少时他面对好友的发问笑而不答，还一直自比管仲、乐毅。因为他从始至终就没想过做高官，得厚禄。

他要的是能辅佐一位贤明的君主，能仁爱为本，匡扶正义，以致四海清平，国泰民安。

一个这样的诸葛亮，又岂会对蜀汉集团有二心？

"臣敢竭股肱之力，效忠贞之节，继之以死！"

诸葛亮如此涕泪俱下地回复刘备。

刘备逝世后，诸葛亮也果真如自己承诺的一样，尽心尽力辅佐刘禅，对蜀汉各方面的发展规划也亲力亲为。蜀汉人才不够，于是明明是个军师的诸葛亮，就把自己分成好几份用。

他操持经济。

因为益州资源丰富，诸葛亮就大力发展手工业，促进商业繁荣。蜀地盛产蜀盐，诸葛亮为增加产量，改进技术。"取井火煮之，一斛水得五斗盐；家火煮之，得无几也"。

诸葛亮也重视冶炼技术，生产出的兵器农具经久耐用。而后，诸葛亮又恢复了盐铁官营，以致"较盐铁之利，利入甚多，有裨国用"，国家收入大大提高。

他兴修水利。

因为都江堰对成都平原的农业起着决定性作用，为了保证农业生产，诸葛亮特意设"堰官"，专门管理都江堰。除此以外，他还"踵迹增筑"山河堰等水利工程，让汉中成了第二个鱼米之乡。

他改革政治制度。

诸葛亮管理期间，蜀汉成为了真正意义上的法治社会，做到了军民一体化。虽然法律严苛，但"行法严而国人悦服，用民尽其力而下不怨"。

据统计，同一时期，曹魏发生二十四次暴动，东吴发生二十三次，而蜀汉仅仅只有三次。

他甚至亲自上阵打仗。

建兴三年，南中蛮族叛乱，诸葛亮担心其他将领才能不足，于是果断决定亲率大军出征。南征平定战以诸葛亮大获全胜告终，南中蛮族从此归心蜀汉，也解除了蜀汉的后顾之忧。

除了这些以外，诸葛亮还同时操持着蜀汉最重要的事情——北伐。

建兴四年，曹丕去世，曹叡继位，是为魏明帝。因为其刚刚即位，诸葛亮想趁着其经验不足，尽快出兵。

建兴六年，诸葛亮命赵云设疑兵，走秦岭的褒斜道，吸引曹真主力，自己则率大军攻祁山。可惜，魏明帝西镇长安，张郃率偏师于街亭大破马谡。赵云也寡不敌众，被曹真主力击败。

第一次北伐，败了。

同年冬天，诸葛亮又进行了第二次北伐，进攻陈仓。曹军镇守的郝昭作战经验丰富，诸葛亮久攻不下，两军相持甚久。面对即将到来的援兵，诸葛亮无奈退兵。

第二次北伐，败了。

……

这种失败，诸葛亮足足经历了六次。

诸葛亮作为一个机关算尽的军师，岂不知北伐的胜算有多少？可他还是固执地一次次出兵——因为这是蜀汉翻盘的最后希望，他不能放弃。哪怕千百年后，自己落得个屡战屡败的骂名，也在所不惜。

他的脑海中不住地想起刘备临终前对他"兴复汉室"的重托，也回荡着自己少时，站在田间自比管仲乐毅的志向。

最终，在这些重担和过度操劳下，诸葛亮倒下了。

诸葛亮临终前，只匆匆给儿子留下一封《诫子书》，尔后仍旧在事无巨细地交代属下该如何退兵。

至于自己的后事，诸葛亮随意地摆摆手，说挖个洞，能放进棺材就行了。

诸葛亮这一生，以一个好种地的布衣开场，以为国家鞠躬尽瘁的忠武侯退场。

或许在他闭眼的前一刻，还在自责自己没能兴复汉室，廓清四海，愧对刘备和百姓。

可他不知道的是，在他去世后，蜀汉多地百姓请求为诸葛亮立庙建祠。在朝堂以此举不合礼制拒绝后，百姓便在四时的节日，去道路上私祭他。

甚至在一千七百多年以后，我国边境的佤族人民在面对英国入侵奋起反抗时，依旧高呼着："阿祖阿公之源源相传，守土有责……誓断头颅，不失守土之责！誓撒热血，不做英殖之奴！"

其中的阿祖阿公，便是诸葛亮。只因他们当年臣服于诸葛亮的七擒七纵，又感恩于诸葛亮带来的种植技术，于是许下了永远守卫中国的南大门、永远替大汉保卫中国边疆的承诺。

五丈原前，诸葛亮的确随着那盏七星灯逝去了。可在历史的风烟里，那个白衣少年早就如朗朗日月，高悬于长空之上，照耀着历代人间。

谁说打了六场败仗的军师不是一个好军师？

"出师一表真名世，千载谁堪伯仲间"。

曹操

CAO
CAO

誓做中华 FLAG 第一人

文 / 夜观天花板

建安十三年（公元208年）的十二月，这一年的冬天异常寒冷，孙刘联军将船靠在南岸，隔着长江同曹操对峙。一场大战（也就是历史上的"赤壁之战"）一触即发。

彼时，曹操不战而席卷荆州，天下十三州一人独占九州，他带着二十万大军对战孙刘最多五万的联军，实力悬殊，曹丞相一统江山的梦想仿佛触手可及。

曹操意气风发，在月明星稀之夜大宴群臣，他喝了许多酒，酒里都是豪情。一股醉意往上涌，到喉头，到眼里，而后弥漫开，曹操的眼睛便蒙了一层酒雾。他看眼前的滚滚长江，两岸的绵绵青山，愈发觉得这江山好。

好，好，过不了多久全是他的。

曹操壮志飞扬，横槊临江，一挥毫，就是千古名篇《短歌行》：

对酒当歌，人生几何！譬如朝露，去日苦多。

慨当以慷，忧思难忘。何以解忧？唯有杜康。

青青子衿，悠悠我心。但为君故，沉吟至今。

呦呦鹿鸣，食野之苹。我有嘉宾，鼓瑟吹笙。

明明如月，何时可掇？忧从中来，不可断绝。

越陌度阡，枉用相存。契阔谈䜩，心念旧恩。

月明星稀，乌鹊南飞。绕树三匝，何枝可依？

山不厌高，海不厌深。周公吐哺，天下归心。

"周公吐哺，天下归心"，曹操明显得不能再明显地展露了他"统一天下"的愿望——而且他觉得这个愿望的实现就在眼前了，仿佛就是一眨眼，一伸手的事。

后来事实证明这是一个FLAG。曹操也一步一步走向中华立FLAG第一人。

FLAG1: 到底该笑谁愚蠢？

赤壁之战，曹操命人将舰船首尾连接起来，在上面走人、走马都如履平地。北方战士活动再无障碍，丞相觉得是胜券在握了，但结果呢？我们都知道，东吴老将黄盖向周瑜献计："如今敌众我寡，难以长期相持。曹军把战船连在一起，首尾相接，可以用火攻，击败曹军。"

于是，东吴战船数十艘，皆装上干荻和枯柴，里头浇上油，外头用帷幕遮住。黄盖谎称要来投降，到了距离曹军还有二里多远的地方，十艘船同时点火。彼时，东南风正刮得猛，这些火一挨着东南风，便得了势，熊熊向前，一瞬间将曹军战船烧了个精光，火势甚至还蔓延到曹军设在陆地上的营寨。

浓烟蔽日，曹军大败。

周瑜率轻骑乘胜追击，曹操仓皇逃跑。一路跑，一路看见的都是曹军惨状，烧死的、淹死的，不计其数。曹操逃进华容道，路途泥泞，道路阻塞，天上仍刮着风，讨厌的东南风……

曹操逃命就好好逃嘛，他跑着跑着，突然笑了起来。

跟随的众人心底暗想，丞相有病吧……但做手下的当然不敢这么怼 BOSS，只能尴尬而不失礼貌地问："丞相笑啥？"

曹操说笑周瑜少智，诸葛亮无谋，现在这个地方，如果设个埋伏陷阱，曹军肯定挂。

结果话音刚落，就冲出来在长坂坡七进七出，杀得曹军闻风丧胆的赵云，多亏徐晃、张郃二人力敌赵子龙，才使曹操得以逃脱。

躲过一劫，曹军将士身心俱疲——除了曹操。

曹操又笑了。

手下人听到笑声，心底唰地就是一沉。

曹操却还在大笑，说周瑜和诸葛亮蠢，不知道在这里设埋伏（台词都不带换的）。

话音刚落，张飞杀了出来，又是张辽、徐晃二将抵挡张飞，使曹操再次脱险。

过了会儿，曹操又笑了。

手下人：求求丞相您老人家，您这笑声简直就是高能预警啊！

这第三笑非同小可，笑出了关羽。华容道路狭，逃无可逃，战没有精力再战，好在关羽念在旧日恩情，义释曹操，才使得曹操能够回到江陵。

华容道里这一番狼狈，还被后人命名了一个叫"华容道"的游戏，主角扮演曹操，通过移动棋子从华容道脱逃。

曹操：这个黑点你们可以玩一千多年？

FLAG2：本丞相会回来的！

曹操从赤壁逃回去后，很不服气。建安十四年，估计他自个儿生了一整年的闷气，天天想着再杀去南方报仇。到了第二年，建安十五年，他想明白了，兵力元气损耗都大，要想报仇，先得养精蓄锐。曹操在这年颁布了《求贤令》，不拘品行，唯才是用。这一招挺好使，许多有才能的人来投奔他，如果曹操是一位卡牌游戏玩家，那建安十五年，就是他的欧皇年，抽到一张又一张SSR。

建安十六年，曹操西进，逐马超，破韩遂，灭宋建，横扫羌、氐，虎步关右，平定西凉。

建安十七年，汉献帝准许曹操"参拜不名、剑履上殿"。西汉东汉两朝，有这待遇的丞相只有萧何，那可是"汉初三杰"之一，帮刘邦平天下，治国家的"蒂花之秀"。

曹操得此殊荣，一下子就膨胀了——当然，换个角度诠释，也可以说是一直膨胀的曹操逼着汉献帝给了他这个殊荣。

膨胀了，决定去报仇。建安十八年，曹操起兵四十万（数量是"号称"，实际肯定比四十万少），杀向东吴，讨伐孙权。孙权不甘示弱啊，他也亲自带兵，迎战曹操，两军在濡须口相持数月，孙权抓获曹军三千余人，被淹死的曹军也有几千人。曹操没讨到半分便宜，见东吴打不下了，悻悻而归。

又带着怨气和执念北还。

曹操：再继续攒经验，过几年再来打孙仲谋（孙权，字仲谋）！

这场对峙还有个小细节，后来孙权不做防守一方了，他几度主动挑战，但曹操却龟缩不出。于是孙权亲自驾船从濡须口进入曹营。诸将都以为是吴军攻来了，紧张迎敌，甚至连曹操也说："这一定是孙权想要亲自见识我军的厉害，哼！"曹操命令军队严格待命，弓弩不得妄发。孙权走了五六里，然后回去了，回去了，回去了……

吴军：曹营郊游一回，嘿嘿。

回去的路上吴军一路演奏着欢快的乐曲。曹操远远地瞧见孙权的军队始终严明整肃，不由得赞叹："生子当如孙仲谋，刘景升儿子若豚犬耳！"（刘表字景升，他的儿子都是战五渣，刘表一死，荆州也就拱手让人了。）

孙权回去后给曹操写了一封邮件："春水方生，春潮初涨，春风十里不如你！"不好意思，串戏了。孙权回去后给曹操写了一封邮件："春水方生，公宜速去。"邮件里还带附件，说："足下不死，孤不得安。"

曹操读完邮件，群发转给众人，还抄送说："孙权不会欺骗我。"然后就撤军回去了。

这个小细节体现了曹操和孙权虽然是敌人，却惺惺相惜。其中曹操对孙权"生子当如孙仲谋"的赞赏，更是流传千年。宋代著名词人辛弃疾，就曾在《南乡子·登京口北固亭有怀》引用了这个典故：

何处望神州？满眼风光北固楼。千古兴亡多少事？悠悠。不尽长江滚滚流。

年少万兜鍪，坐断东南战未休。天下英雄谁敌手？曹刘。生子当如孙仲谋。

曹操打不赢孙权，回乡攒经验了。

攒经验的第一步，是再次膨胀一下。建安十八年（你没看错，就是打东吴失败的同一年），曹操被册封为魏公，加九锡，建魏国，定国都于邺城。

这个魏国，同普通、正常国家没什么区别，魏国朝廷也有丞相、太尉、大将军等百官。

痛哭的汉献帝说：朕能怎么办呀！曹操把刀架在朕脖子上呀！

过了两年多，建安二十一年，曹操再次膨胀了。这次不是膨胀一下，是膨胀许多下。他让汉献帝册封自己为魏王，位在诸侯王上，奏事不称臣，受诏不拜，以天子旒冕、车服、旌旗、礼乐郊祀天地，出入得称警跸，宗庙、祖、腊皆如汉制，匈奴来朝。这哪里是丞相？同皇帝有什么分别！

翌年（建安二十二年），汉献帝又赐予曹操王冕十有二旒（这个规格的冕冠已经不是人臣能佩戴的了），曹操的儿子们都封了侯爵。

已经哭不出来的汉献帝说：感觉曹丞相下一步就是杀朕了！

膨胀够了，养精蓄锐也足了，曹操决定再去报仇。人不能在一棵树上吊死，在哪跌倒，不一定要在同一个地方爬起来。反正仇人有两位，曹操上次攻打东吴不成，这次决定换个人打——去找刘备的麻烦。

那阵子，刘备已得益州，而汉中是益州门户，是要塞，是喉舌。刘备要取汉中，那曹操就偏不让刘备得逞——魏王带着十万大军，抢先一步，先把汉中拿下了。

\# 打仗要趁早 \#

曹操十分高兴，当年临江横槊的意气风发又回来了，再次南下征讨东吴。这会儿也是老天眷顾，无比顺畅，在之前一直打不下来的濡须口击败孙权。孙权求降求和，愿同曹操重结姻亲。

但这时，汉中却遭到刘备的猛烈攻击，曹操只得亲率大军赶往汉中，以便随时指挥汉中战局。

许是运气用完了，没了顺畅，边塞也起硝烟，乌桓鲜卑联军攻来。

而刘备这边，不仅击败了汉中曹军，还斩杀了曹军大将夏侯渊。曹操只得放弃汉中，而孙权则趁乱从关羽手上夺了荆州。

FLAG3：我觉得小儿子能夺位，我会有"文王"的谥号的！

天下还是乱的，但曹操已经老了，有许多病，心力也不如从前了。建安二十五年，曹操病逝。死前群臣乘机向曹操劝进。曹操却说："若天命在吾，吾为周文王矣。"这是周朝的典故，姬发灭了商纣王，建立周朝，追封父亲为文王，自己死后则谥号武王。（对皇帝来说，"文王"谥号的荣誉比"武王"更高。）曹操的意思，是让儿子做皇帝，再给父亲追封帝王的最高谥号。

重任就交到儿子身上了！

这就不得不聊一聊曹操的儿子们，聊儿子就得顺道聊聊曹操全家——这可不是骂人的话。

曹操的祖父叫曹腾，历史上他是个"好"宦官，胸怀宽广。朝廷斗争纷乱，难免有人想构陷他，曹腾对这些人都付之一笑，并不记仇（曹腾日常好感 +1）。

对，你没看错，曹腾是太监。可能你要疑惑了，太监怎么有后代呢？是未入宫净身前有家室，还是嫪毐韦小宝式的假太监？

都不是，曹腾自幼入宫，是真小太监、小黄门。他同宫内女子吴氏结过"对食"夫妻，但并无自己的后代。所以后来魏明帝追尊其高祖父曹腾为高皇帝，其夫人吴氏为高皇后，曹腾也就成了中国历史上唯一被正式授予正统王朝皇帝称号的宦官。

曹腾有个养子，叫曹嵩，承袭了养父的封爵。这位曹嵩便是曹操的爹。

曹操：我的家世有点奇葩，嘿嘿！

曹操：我的老婆们也有点奇葩，嘿嘿。

曹操最早还没发迹，有位老婆刘夫人，生下长子曹昂和长女清河公主后就去世了。曹操这会儿还有位丁夫人，算是原配，曹昂就交给丁夫人抚养。

建安二年（197 年），曹昂就战死了，丁夫人觉得是曹操间接杀了自己儿子，就天天哭泣。曹操觉得有道理啊，没法反驳，只能安慰丁夫人少哭点："你要控制你自己！"可丁夫人控制不住，怀念儿子，顺道谴责曹操面上看着一点怀念的神情都没有。

曹操：Excuse me？我是枭雄又不是戏精！

总之丁夫人和曹操因为这事争吵起来，曹操很愤怒，但他不会动手打老婆，又说不过，劝不住，没办法，把丁夫人打发回娘家了。

曹操以为媳妇也就闹腾几天，消消气就好了。于是过段时间，就去丁家哄丁夫人回来。曹操去的时候，丁夫人正在织布，看到曹操来了，她面无表情甚至内心还有点想笑，就跟往常一样织布，仿佛没看见曹操这个人。最怕空气突然地安静，曹操一下子就尴尬了，缓了缓，拉下面子继续给老婆台阶下。他拍了拍丁夫人的背："亲爱的，跟我一起坐车回家吧！我开了你最喜欢的法拉利来接你！"

丁夫人面无表情，内心毫无波澜。

曹操又劝了几次，见老婆无动于衷，便假装要往外走，心想这会儿她总得心软吧！哪知道丁夫人的心硬根本不是装的，还是没有任何挽留。曹操没法，只得自己打脸，又走回来，问："亲爱的，真的不跟我回去吗？"

丁夫人一声不吭，继续织布。

事不过三，曹操知道媳妇是真跟自己反目了，就回去了。这是建安二年的事，后来直到建安二十四年，丁夫人都没迎回来。

没有了丁夫人，曹操只有将之前的妾侍卞夫人升成正妻。卞夫人后来做了王后，在曹操出门的时候偷偷去看望丁夫人，给她送东西，还表示只要丁夫人回来，自己就将正妻之位还给她。丁夫人却说："被废之人罢了，夫人何必如此呢？"

这位卞夫人，同曹操生了四个儿子：曹丕、曹彰、曹植、曹熊。

曹操还有位妾，人称环夫人，前夫是边让（被曹操杀了），她同曹操生了曹冲、曹据、曹宇。

他还有位妾，杜夫人，前夫是秦宜禄。杜夫人和前夫两人有个儿子叫秦朗。秦宜禄之前是吕布的部下，后来又投靠袁术，袁术将汉朝宗室女嫁给他，秦宜禄便做了"陈世美"，将原配杜夫人和儿子秦朗留在下邳。但别以为杜夫人人老珠黄。她颇有美貌，曹操和关羽去下邳时，关羽看中了杜夫人，想娶她，曹操也觉得杜夫人颜值高，就抢先纳为小妾。杜夫人之后同曹操生了儿子曹林、曹衮，女儿金乡公主。

世事难料，秦宜禄后来竟然归降曹操了，两人和和气气，只字不提杜夫人避免尴尬。可刘备的大将张飞却按捺不住，给秦宜禄寄了一大堆原谅色礼物，以夺妻之仇怂恿秦宜禄叛曹。哪个男人受得了这样的侮辱？秦宜禄随张飞出走，但不久就反悔，被张飞杀死了。而曹操呢，仍当什么事都没发生。秦朗跟随母亲住在曹府，谨言慎行，非常低调，曹操很喜欢他，经常对宾客吹嘘："世上有人像我这样疼爱继子的吗？"

狗血电视连续剧都不敢这么演！

曹操还有位小妾尹夫人，前夫是何咸。尹夫人和前夫两人育有一子何晏，曹操后来娶了她，两人生有曹矩。

曹操：我是真喜欢她们！与她们是否嫁过人无关！

且说这何晏，跟秦朗一样，都跟随母亲住在曹家。秦朗性格谨慎，为人低调，平时穿的都是快时尚品牌，而何晏却无所顾忌，每天穿的衣服都跟曹操亲生儿子一样，是一线奢侈品大牌。所以曹丕非常厌恶何晏，每次都不叫他的姓名或字，叫他"假子"。但越不被喜欢的人就越有才华，气死你。何晏从小就聪明过人，被称为"七岁神童"，曹操想要认何晏做儿子，何晏就在地上画个框框，自己待在里面，别人不解，问他什么意思，何晏说："这是何家的房子！"

曹操：厌恶感+1。

何晏：气死你气死你！

真是要气死人！何晏容貌俊美是历史上出了名的，再加上前面说了，他还爱打扮穿大牌，金装衣装都有，所以是当时炙手可热的小鲜肉。何晏活得挺长的，曹丕儿子曹睿长大当家后他还活着，而且还好看，就跟打了防腐剂似的，颜值没有丝毫的降低。曹睿每天瞧着何晏那白皮细肉，心想这人怎么能长这么白呢？感觉这皮肤不是素颜，素颜没有护肤品能保养出这种效果？就跟自带P图效果似的。何晏他是不是涂粉啦？哪个牌子的粉底擦这么厚？

曹睿就找个大夏天，酷热，请何晏过来吃面汤，热得何晏大汗淋漓，只好用自己的袖子擦汗，结果擦完，皮肤更白更细腻了。

曹睿：嫉妒使我质壁分离！

以上便是"傅粉何郎"的典故。

何晏七岁，明慧若神，魏武奇爱之，以晏在宫内，因欲以为子。晏乃画地令方，自处其中。人问其故，答曰："何氏之庐也。"魏武知之，即遣还外。（《世说新语·夙惠第十二》）

何平叔美姿仪，面至白。魏明帝疑其傅粉，正夏月，与热汤饼。既啖，大汗出，以朱衣自拭，色转皎然。（《世说新语·容止第十四》）

这个何晏始终没有做曹操的儿子，一个厌恶，一个不肯。然后……若干年后何晏娶了曹操的女儿金乡公主。就前面提到的，杜夫人生的女儿，秦朗同母异父的妹妹。这个剧情就很多了，青梅竹马同不被喜欢之类……总之比上面那部分剧情还狗血！

话题转回来，曹操这么多儿子，他要"若天命在吾，吾为周文王矣"，该找哪位呀？

曹操最喜欢的儿子是曹冲，从小聪颖异常，还仁爱有德，可以说是德才兼备。据说曹冲五六岁就达到了成年人的心智，是少年班里的第一名。他有两个著名的小故事，一个体现他的智商，叫"曹冲称象"。

当时孙权送给曹操一只巨大的象。

曹操（一脸问号）问孙权："你送大象给我做什么？"

孙权："我也不知道，也许是有钱为所欲为吧……"

曹操得到了大象，很开心，而且特别好奇——想知道大象的体重。

母象：难道你不知道雌性的体重都是秘密吗？！

大象很重，曹操没有合适的秤，就很愁。他向部下们询问称象的办法，部下们都解决不了，于是曹操就更愁。这个时候，小小曹冲站出来说："把大象放到船上，在水淹没到船体的地方刻下记号，再将物品装到船上，一直装到记号处。然后分组称这些物品，就知道大象的重量啦！"

> 邓哀王冲字仓舒。武皇帝子，母环夫人，少聪察岐嶷，生五六岁，智意所及，有若成人之智。时孙权曾致巨象，太祖欲知其斤重，访之群下，咸莫能出其理。冲曰："置象大船之上，而刻其水痕所至，称物以载之，则校可知矣。"太祖大悦，即施行焉。（《三国志·魏书二十·武文世王公传第二十》）

另外一个故事"智救库吏"，则体现了曹冲的情智双高。

汉末刑罚很重，曹操的马鞍在仓库里被老鼠啃了，管理仓库的官员害怕被处以死罪，曹冲便教他："你先等三天，再去自首。"在等待期间，曹冲戳破自己的单衣，弄得就跟老鼠咬啮过一样，然后闷闷不乐去见曹操。瞧见最宝贝的小儿子满脸写着不开心，曹操赶紧问："怎么了，儿子？是不是钱不够花？给你，新的黑卡！"

曹冲摇了摇脑袋，道："我的衣服被老鼠咬破了，都说老鼠咬衣服，主人会不吉利！"

曹操听完哈哈大笑，跟曹冲说封建迷信信不得。过不久库吏来汇报老鼠咬马鞍的事情，曹操笑道："小事小事，我儿子衣服穿在身上，都被老鼠咬了，何况马鞍还是挂在柱子上呢！"曹操并没有责罚库吏。

> 时军国多事，用刑严重。太祖马鞍在库，而为鼠所啮，库吏惧必死，议欲面缚首罪，

第一章
067

犹惧不免。冲谓曰："待三日中，然后自归。"冲于是以刀穿单衣，如鼠啮者，谬为失意，貌有愁色。太祖问之，冲对曰："世俗以为鼠啮衣者，其主不吉。今单衣见啮，是以忧戚。"太祖曰："此妄言耳，无所苦也。"俄而库吏以啮鞍闻，太祖笑曰："儿衣在侧，尚啮，况鞍县柱乎？"一无所问。冲仁爱识达，皆此类也。凡应罪戮，而为冲微所辨理，赖以济宥者，前后数十。（《三国志·魏书二十·武文世王公传第二十》）

这样的小事还有许多，因此曹操常常对着群臣夸耀曹冲，言语间流露出让曹冲继承大业的意思。可是才到建安十三年（公元 208 年），曹冲就害了重病，曹操为了曹冲亲自向上天祷告——然而并没有什么用，曹冲还是死了。丧子的曹操哭得天昏地暗，他的另外一个儿子曹丕劝慰父亲，死者不能复生，还是要振作起来。曹操这个人也是耿直，直接就说："冲儿死了，这是我的不幸，却是你们的幸运啊！"言下之意，曹丕你那点想继位的心思，以为我心里没点数吗？

曹丕：难道……被看穿了吗？

曹丕是非常有权力欲望的，在曹冲死后，曹丕同曹植为了继承权进行了一系列的争斗。曹植同他的谋士杨修可能有点太耿直，再加上低情商，最终败北。曹丕同谋士司马懿等，虽然取得了胜利，却因为有些手段太过狠厉，在广大群众心里留下了反面印象。

黄初元年（公元220年），也就是建安二十五年，曹操死了，曹丕接任曹魏.Studio厂牌。同一年，曹丕把汉献帝踢掉，自己坐到龙椅上称帝了。

不过，不管曹丕是不是真用了卑鄙手段，反正曹丕赢了。曹操将权力的手杖交给曹丕："儿子，记得'若天命在吾，吾为周文王矣'！"

曹丕：好的，爸比，我一定不辜负您的期望！

同年曹丕就取代汉献帝自立为皇，国号魏，追尊曹操为武皇帝，庙号太祖。（曹丕死后给自己的谥号是"文"。）

曹操气得想掀开棺材板跳起来，给这阳奉阴违的儿子一脚。

曹操：我恨！不是小儿子夺冠就算了，连"文王"也不留给我！

活着的曹丕才不管他老子有多气，乐呵呵戴着皇帝冠冕，一步一步踏上龙椅，这算是一场突如其来的权力交接，曹丕心里难免有些克制不住的激动。他回首俯视群臣，司马懿、贾诩、王朗、华歆……这些都是高声喊着呼着，捧曹丕称王的。

　　在声声"万岁"中，曹丕志得意满，双臂一展，拥抱自个的江山。他绝不会想到，时间不过再往后推四十来年，这江山就会尽落入司马懿一家手中。

　　曹操：败家儿子，早知道我立个FLAG，说司马懿一定会夺权。

　　司马懿：你以为立FLAG就有用嘛？

　　没用的，因为有野心的人，永远都会有野心。

　　这个FLAG，曹丞相，你懂了吗？

一年一度军师大赛

文 / 顾闪闪

各位观众朋友们大家好，欢迎大家收看本届一年一度军师大赛！

本节目自播出以来，始终秉持着"真情第一，比赛第二"的原则，旨在为各位主公和军师搭建一座友好沟通的桥梁。

这不？节目邀请函一发，就有三位名气响当当的"霸主"带着自家军师赶来了，他们分别是三国时期的吴大帝孙权，春秋五霸之首齐桓公以及前秦天王苻坚。

接下来，就请各位主公拿出你们的热情，让大家看看你们的得意军师吧！

一号军师：鲁肃 *Lu Su*

选送单位：吴国（三国时期）

@ 主公说：

作为连续三届参赛的资深主公，孤就不用自我介绍了吧。美周郎，漂亮吧？我的；陆伯言，俊逸吧？我的；吕蒙蒙，呆萌吧？还是我的。

一般来说，高等级的军师普通人一生能抽到一位，那都是祖坟冒青烟，但孤有一整套，实在是叫人不得不眼红。这次孤带来参赛的乃是我东吴的重量级军师，曾在荆州与关羽 1v1 的大都督鲁肃。

孤当年也是有白月光的人，但无奈白月光走得颇早了点，惹得孤很是意难平，不禁仰天长叹："公瑾有王佐之资，今忽短命，孤何赖哉？"[1] 话音刚落，空中就掉下新款军师大礼包，附带公瑾的一段生前留言："鲁肃智略足任，乞以代瑜。"大意是知道你现在心里乱，下任都督我早给你选好了，不用谢我，这是江东第一美男子应该做的。

嘤，还是公瑾最贴心。

鲁肃既然能被公瑾选为他的继承人，能力自然不容小觑。想当年，我和我哥还在舒城跟公瑾挤在一起住的时候，鲁肃就已经是继承了千万家产的一方首富了。有人不屑，说这只能说明鲁肃他爹能干，和他有什么关系？呵，这话可就错了。关于鲁肃，当地流传着一句话："鲁氏世衰，乃生此狂儿？"翻译一下，就是鲁家家产虽多，却配不上少爷的气魄。

鲁肃乐善好施，为富亦为仁。他仗义疏财，常常赈济穷人，结交侠士。有次周瑜军中缺粮，上门请求鲁肃帮忙，鲁肃二话不说，指着自家的两囷米一打响指，左边那囷就归周瑜了，也不多，就三千斛吧。

---

1 《资治通鉴·汉纪》第五十八卷

这豪情，这气度，每次说到这，孤总想发个帖子显摆下，标题就叫《论让霸总给我打工是怎样的一种体验》。

　　受某演义影响，大家总以为我们子敬是好欺负的江东老实人，非也非也。鲁肃体貌魁伟，击剑骑射无所不通，箭法更是了得。当年他率领部众渡江时，恰逢追兵阻拦，鲁肃便命人立起盾牌，自己抄起箭，引弓射之，箭矢直接把盾牌贯穿了，吓得追兵只得连连给大佬让路。

　　而这么霸气的子敬偏偏是个智慧型选手，不仅为孤定下鼎足江东，以观天下的"榻上策"，还在江东危难之际提出了联刘抗曹的军事策略，听得孤直冒星星眼，带领诸将持鞍下马相迎，问他："这回孤算给足你面子了吧？"

　　他却微微一笑，趋步上前道："未也。愿至尊威德加乎四海，总括九州，克成帝业，到时您再用安车软轮征召我，才算显扬鲁肃的功业。"

　　孤：……

　　很好，鲁子敬，你是真正懂霸总的。

二号军师：管仲 *Guan Zhong*
选送单位：齐国（春秋时期）

@主公说：

寡人和管仲的关系，用一句话来形容，大概就是"第一次见面看你不太顺眼，谁知道后来关系那么密切"；如果非要深究他与寡人的恩怨是从哪一刻开始的，大概就是他搭弓射中了寡人心脏的那一秒。

PS：物理意义上的那种。

准确地说，是射中了寡人的衣带钩。当时齐国内乱，寡人与公子纠争位，比赛谁跑得快，本来寡人占据绝对优势，想不到公子纠的谋士管仲不按套路出牌，轻骑先行，埋伏起来给了寡人一箭。情势危急，为了活命，寡人只能咬破舌尖，佯装被射死，这才逃过追杀。

因为自己咬破舌尖真的非常非常痛，不信你们可以自己试下，导致后来很长一段时间，寡人都记恨着管仲这个奸贼。

后来寡人成功继位，局势调转，恨不得马上磨刀霍霍向管仲。就在这时，寡人亲爱的军师鲍叔牙却说，他要给我内推一个管理层人才。他说："您要是只求治理好齐国，那有我鲍叔牙和高傒[1]就够用了，但您若想称霸天下，则非此人不可。"

寡人说："那好极了，大声喊出他的名字吧，寡人给他一年开二十四薪。"

鲍叔牙："这人您也熟，他叫管仲。"

寡人：……

鲍叔牙又说："管夷吾所居之国，其国必强，机不可失，您看着办吧。"

寡人没办法，只得沐浴更衣，用隆重的礼节将他迎到齐国，并任命他为大夫，想不到这时候鲍叔牙又开口了。

---

1 春秋时期齐国大夫，迎立齐桓公有功。

他说："小白[1]，叫仲父。"

没错，有时候事情的走向就是这么离谱，昨天还恨不能杀之而后快的人，转眼就成了寡人的"仲父"。不过鲍叔牙的眼光不会有错，管仲真的很能干，他主张通货积财，富国强兵，对外尊王攘夷，九合诸侯，一匡天下，协助寡人将齐国从不算强盛的海滨之国，发展成为天下第一大诸侯国。

可能是因为早年真穷过，他常说："仓廪实而知礼节，衣食足而知荣辱。"

在管仲的努力下，齐国百姓们很快都过上了滋润又踏实的生活，而他本人也一点不低调，置豪宅，住豪车，招摇程度直逼寡人。可有什么办法呢？他就是有这个实力。

1 齐桓公，姜姓，吕氏，名小白。

@ **主公说：**

王猛，人如其名，真的很猛。

朕二十岁弑君夺位，后来又拥兵百万，一统北方，睥睨天下，自认算是一代雄主，但遇上王猛，朕都得退避三舍，以免被他的锐气灼伤。别的不讲，在我们这个年代敢公然到外企打工的，他算一个。

想当年，王猛拒绝了桓温[1]的高薪 offer，投入朕麾下。

朕问他为啥，他轻蔑一笑，说咱大秦未必就比晋国差，小小的江左容不下他和桓温两朵奇葩，最重要的是江那头的士族和皇室内斗太严重，桓温眼瞅着就要篡位，估计他去了也是白搭。

朕当时就被他的眼光和气魄深深震撼，将他引为知己，潜心和他学习汉文化，探讨治国理念。对于朕来说，王猛既是朕的臣子，又是朕的老师，还是朕唯一的偶像，我们俩真心换真心，并肩走在强国大道上，谁要是敢欺负王猛，那就是在朕头上动土。

王猛入职以来，雷厉风行，政绩卓著，完成了许多不可能完成的任务，将朝中其他臣子显得如同一帮饭桶。朕简直不知道怎么夸他好，只能不断地给他加官晋爵，最夸张的一年接连升职五次，将他从基层公务员一直升到了位列三公。

可朕依然觉得不够，还想在三公上再给他加个"录尚书事"的头衔，还是王猛自己说："太圆满了也不是啥好事，给我的职业生涯留点遗憾吧。"这才作罢。

朕和王猛，就好比齐桓公遇上管仲，刘玄德遇上孔明，锅配上盖，鱼邂逅水，那可真是义则君臣，亲逾骨肉。

别的不说，王猛去世后，他二儿子小皮"王皮"和苻阳等人密谋造反，要换别人，

---

1 东晋政治家、军事家、权臣，曾废除皇帝司马奕，逼迫朝廷加九锡，最终在谢安、王坦之等人的拖延干涉下未能实现。

照朕这脾气，早把他诛灭九族，五马分尸了。可朕一看见他，就想到王猛那张脸，心一下就软了。

小皮哭着对朕说："我爸爸做丞相的时候，为你立下那么多功勋，可你却不给我官做，让我受穷，我心里委屈，这才造反的。"

我一个巴掌扇过去："傻孩子，哪是朕不给你官做？知子莫若父，是你爹看准了你小子不是个善茬，临终特意嘱咐朕，不让你入仕，只给你十头牛，让你老实种地。哪知道你这么不给你爹长脸，哪条路不通你往哪条路上去。"

可最终朕也没狠下心来杀他，只是下了条赦免令，将他流放到了北方。

唉，没办法，谁让他是王猛的骨肉呢？

佛系军师

好的，都行，随便你

与君共谋之 · 储君之争

文\明戈

第二章
078

任务背景

在李渊一众起兵反隋的过程中，太子李建成因忌惮李世民同自己争权夺位，便与齐王李元吉联合，多次陷害李世民。长孙无忌力谏李世民行周公之举。唐高祖武德九年六月初四，以李世民为首的功臣集团，终于在玄武门发动兵变。

任务要求

此次任务中，你需要帮助谋臣长孙无忌策划实施玄武门之变，顺利扶持李世民登基。

由于系统设置的地点出了些问题，你并没有降落在玄武门，而是远在玄武门十公里外。

眼看着玄武门兵变的时辰快到了，而你又忘记带移动类的技能卡，于是你不得不以百米冲刺的速度往太极宫的北宫门跑去。

等你终于眼冒金星地到了玄武门，发现兵变早就结束了。

而在玄武门旁的树林里，本应死里逃生的李世民被一把弓勒死，挨着他的李建成身中数箭倒在地上，李世民阵营的尉迟恭则悲痛地瘫坐在一旁。

这是怎么回事……李世民不该死的，出现在这里的也不该是李建成，而是李元吉。

对了……长孙无忌呢？

你连忙问向尉迟恭，他却连头都没抬，只是神色木然道："长孙？他三年前就和李元吉同归于尽了。"

你愣在原地，半晌后决定……

发动
【时空穿梭】
回到事发前一个时辰

【跳转4】

发动
【时空穿梭】
回到武德六年

【跳转6】

你也没想到这次会直接穿到长孙无忌卧房。

"不好意思不好意思，我什么都没看见。"你低着头慌乱地正要退出去。

"我穿戴完整，你能看见什么？"长孙无忌从榻上下来，大步流星走过来，长臂一捞，便将你拽了回去。

你抬头看去，只见他浓重的眉头蹙起，似乎十分生气。

"这三年你跑哪去了？"

"我……"你也不知道要如何解释，只能支支吾吾地转移话题，"几天后的饯行之日，他们要对秦王下手，你们准备好反击了吗？"

长孙无忌盯着你的眼睛："你是怎么知道的？"

"快说你们准没准备好，他们这次动真格的，很危险！"

长孙点了点头："秦王已经决定兵变了。"

"那就好。"你松了一口气，"饯行之日我再来，放心，有我在保你们成功。"

"你究竟是谁，又要去哪？"长孙的语气忽然有些急，手上微微用力，这时你才反应过来他竟一直抓着你的手腕。

"我……我算命的。云游四海。"说完你简直想咬舌自尽，这么离谱的回答也亏你说得出来。

没想到长孙听后微微一顿，而后竟松开了你的手，恢复了他懒洋洋又轻佻的表情。

"好啊大师，那帮我算一卦。"他勾着嘴角往你手中塞了一个玉佩。

"酬劳先给你，三日后去城南等我，到时候再说。"

获得
【随身玉佩】

【跳转3】

太极宫北宫门。

太子李建成，出征的李元吉还有饯行的李世民……

你站在不远处，已经感受到了剑拔弩张的紧张氛围。

——这才是真正的玄武门之变。

只见李元吉和李建成互相使了一个眼色，打算按计划行动。没想到李元吉刚一到临湖殿就觉察到了不对，于是立刻掉转马头。

随后竟以迅雷不及掩耳之势，率先搭箭射向李世民。慌乱中，他接连不中，李世民抓住时机，反手先将太子李建成射死。

只是在一片混乱中，李世民的马受惊，带着他狂奔到玄武门一旁的树林里，李元吉也紧随其后进去。

你看着这形势着急万分，不过马上尉迟恭就会赶到，等他杀了李元吉，一切就都结束了。

等等，尉迟恭怎么还没到……

你更加着急了。

于是你决定……

进树林查看

【跳转5】

继续等待

【跳转7】

你直接来到事发前一个时辰，想着反正只要能保证李世民兵变成功，长孙无忌不在应该也没关系。

可你没想到，北宫门即将出征的大将并不是原本的李元吉，李世民一行人也神色坦然，没有任何要兵变的意思。

你一脸懵地问向旁边小兵："李元吉将军怎么不在？"

小兵惊讶道："李大人三年前就薨了呀，听说是被自己护军杀了。"

果然历史进程出了问题。

也许你应该回到再早些时候……

【跳转6】

你决定不再等待。毕竟万一李世民凉了，那你又白忙活了。

你赶到时，看到李元吉正用弓勒住李世民的脖子，而他身后站着一个本不该在此处的人。

"放开秦王！"长孙无忌冲过去与李元吉扭打在了一起。

不好！

你当机立断，发动了【万箭齐发】。

几支飞箭直奔李元吉射了出去，随后，他便直挺挺地栽倒了。

李世民因为受伤接近昏迷，长孙无忌也力竭地瘫坐在一边。

"不是让你去城南，怎么来玄武门了？多危险。"他喘着粗气道。

"多亏我来了，不然还说不准怎么样呢。"你一叉腰。

"没想到你竟然是女侠。"

这时你才反应过来你做了什么，历史上可是尉迟恭将李元吉射死的，不是你这个"女侠"。

长孙无忌看着你心虚的表情，起身走近说："放心，我会和秦王说是尉迟恭的功劳，知道你不便透露身份。"

"那就好。"你松了一口气。

"没别的事，我就先走了。"你挥挥手。

走远后，你准备闭上眼回到原世界，隐约中好像听到长孙无忌说了什么。可惜你已经听不清了……

【任务完成】
若有【随身玉佩】，
跳转10

一阵熟悉的眩晕后，你来到了武德六年。

你记得李世民和唐高祖曾前去齐王府，而齐王李元吉命自己的护军宇文宝潜伏在卧室之中，准备直接暗杀李世民。

一定是这时候出了问题。

你随便乔装了一下，偷偷潜入了齐王府。没想到你前脚进去，后脚就被拎着后衣领抓住了。

"女扮男装？

"唔……看起来不像盗贼，行迹又可疑……莫不是来府里偷吃点心的？"

一道轻佻又懒洋洋的声音从你头顶上方传来。你吃力地向后看去，只见是一身材高大，头戴乌羊毛毡帽的浓颜帅哥。

他松开你后，双手抱胸，饶有兴趣地盯着你看。

"长孙无忌？"要不是这顶帽子，你差点没认出他来。

"竟然认识我？不是偷点心，那难不成是爱慕我，特意跟我到府里来的？"他尾音故意拖长。

原来大军师也会这么自恋的吗？！

你尽力忍住想捶这个帅哥的冲动。就在这时，你看到了李世民向内院走去。

不好……卧室有刺客，万不可进去！

你还未说话，长孙无忌已经觉察到了你的神色变化，立刻顺着你的目光看去。发现是李世民后，长孙无忌表情顿时严肃起来，与方才简直判若两人。

他看了看周围侍卫的分布，又皱眉思索了片刻，随后快步向李世民走去。

"秦王，待属下先查看内院是否安全，您再前往……"

你虽然没有听清长孙无忌后面说什么，但还是不由暗暗赞叹——好家伙，不愧是干军师的，真是脑力王者。

待李世民离开后，长孙无忌走过来，犀利地看向你："说，你是何人，是不是同齐王一伙的！"

你一边感慨这个人的变脸能力，一边叫屈："冤枉，我是来通风报信的，卧室有刺客。"

长孙无忌半眯着眼睛，似乎在判断你说的是否是实话。

"好，那我们一起去看看，你说的对不对。"

还没等你反应过来，他已经拉着你走向内院，到了卧房门口。这要是真一下就打开门放你进去，只怕你就会死在宇文宝的刀下。

你选择……

发动
【忘忆】
使长孙消除这段记忆

【跳转8】

听凭长孙无忌
带领

【跳转9】

你记得尉迟恭是驾马的。

你等了片刻，除了树林北侧隐约有个人影跑了进去，并没有将军骑马而至。

终于你等不了了，决定进去查看一下。

没想到跑了一段路后竟看到地上躺着三个人：被勒死的李世民、身中数刀而亡的李元吉和同样浑身浴血的长孙无忌。

"长孙无忌！"你飞快跑了过去，"这……怎么会这样……"

可惜他再也不能回应。

他一声不响地躺在那里，手中紧紧攥着一枚玉佩。

【任务失败】

【跳转3】

一道白光闪过。

伴随着整段记忆消失，长孙无忌略显茫然地离开了内院。

太好了，李世民和长孙都没有事。

你立刻发动技能回到玄武门之变当天，可你震惊地发现李世民一方仍没有发动兵变。

或许长孙无忌那么做有他的理由，刚才应该相信军师的选择……

【跳转9】

"真的有，我不想死，你也不能死，呜呜别开门。"你不顾形象地揪着长孙无忌衣领，压低声音咧嘴哭道。

直到你泪眼婆娑地瞥到了他的脸。

等等，这个人……是在笑吗？

长孙无忌勾着唇，一脚踹开了房门。伴随着你惊恐的尖叫声，他高喊了一句："走水了！"

只见一蒙面人从门后飞快闪出来，许是你的历史使命感油然而生，你紧闭着眼睛挡到了长孙无忌面前。

"不要杀他！"

一分钟过去了。

除了窗户破裂的声音，无事发生。

你睁开眼，对上长孙无忌笑意盎然的脸。

"看来是真喜欢我。"

方才的惊险令你没多余的脑子和他争辩，只能任凭他将你半揽到楼下。

你坐在石凳上，只见李世民竟从隐蔽处走了出来。

长孙无忌快步过去拱手道："秦王，现在您亲眼所见，齐王与太子一党对您何等歹毒。"

李世民惊魂未定地摇摇头："真没想到他们如此心狠手辣。"

长孙无忌提高了声音："这次刺杀没成功，下次他们一定会变本加厉。他们不念手足之情，您也无须多虑，拿回属于您的一切！"

你没想到长孙早已看清太子齐王真面目，竟将计就计，劝说李世民。

这个军师……还真是有点帅。

既然危机解除，你决定……

发动
【时空穿梭】
前往玄武门之变三日前

【跳转2】

发动
【时空穿梭】
前往玄武门之变当天

【跳转3】

一睁眼，你惊讶地发现你回到了刚才的树林，口袋里似乎有什么东西特别沉。

"女侠认路好像不太好。"你听到了身后传来的憋笑声。

"你！"

你气呼呼地摸了摸口袋，发现竟是那枚玉佩。

"你这是玉佩还是石头？"你将它直直伸到长孙无忌眼前，怒声道。

没想到长孙无忌没说话，只是对着你同样伸出手，张开后，也垂下来一枚玉佩。

两枚玉佩叮叮当当碰撞着，随后严丝合缝地拼在了一起。

——竟是一双对玉。

你突然有些脸红。

"知道女侠日理万机，但要不要呆几日再走，我知道很多好吃的甜点铺。"长孙无忌勾起嘴角笑着。

　　"甜点？"你眼睛一亮。

　　"那……"你犹豫片刻后故意抬起下巴，清了清嗓子，"那好吧。要是不好吃，本女侠可打你。"

　　"好。"长孙无忌声音轻柔。

　　"任凭处置。"

达成结局
【甜点之约】

李诀
LI BI

在修仙的妄想中如鱼得水

文 / 粥四汤

想当初开元十六年，离安史之乱还早得很，正是大唐最为辉煌的盛世。唐玄宗在宫中搞了一场"儒道释三教论道"的大型精神文化建设辩论活动，广邀各界各年龄段人士参加。

不要想多了，这并不是李泌拔得头筹从此平步青云的故事。这个故事是，有个叫员俶的九岁小孩，赢得了这场大型辩论。

玄宗挺高兴，问员俶："我们大唐还有没有像你这么聪明的娃子呀？"

可能他老人家就是随口一逗，然而员俶作为一个尽职的酱油，已经在冥冥之中受到了命运的召唤，让李泌这个开了人生外挂的少年终于有机会在大唐皇室面前登场——

"有，我舅舅家的儿子，小名叫顺，今年七岁，诗词歌赋写得老溜了！"

不是说李泌吗？怎么又扯到一个小顺顺呢？

小顺顺，就是李泌的小名。修仙妄想症必有历史根源，李泌的根源就在这里了。传说李泌的母亲周氏还是小姑娘的时候，有个和尚路过她家门前，看见她就说："此女后当归李氏，而生三子。其最小者，慎勿以紫衣衣之，当起家金紫，为帝王师。"

这个姑娘应该嫁给姓李的人，然后会生三个孩子。其中最小的这个，别急着让他求功名，以后这孩子大富大贵，当官就得当丞相，还能当帝师。

这一听，惊叹三连。

周氏后来嫁了李泌他那个死鬼老爹，三年抱俩都是浮云，直到怀了这个老三，也就是李泌，这时候，奇迹发生了！这孩子在肚里猫了两年才出来——好嘛，这是个哪吒。不过此李哪吒比彼风火轮可好养活多了。一出生，头发就到了眉梢，没有了年少早秃的风险。而且周氏也表示，生前俩孩子的时候都累得不行，生这个娃，轻轻松松就完事儿了，顺产到不能再顺，所以大家决定，就给这个孩子先取个乳名叫顺。

话再说回这开元十六年的皇宫，听员傲吹李泌如此奇才，玄宗当即就想开个眼。这皇上也挺能闹的，问清楚小顺顺他家在哪，然后就派人悄咪咪蹲在人家门口，把李泌抱进宫里来，并反复叮嘱不许让李泌家里人知道。妈耶，你说你一个皇上，要不要偷人孩子玩这么恶劣？还悄悄地进村打枪的不要，这爹妈转头一看儿子没了，那画面还真有点不敢看。

　　不过估计玄宗也不担心，毕竟都是京城名人，一说李家那谁谁他儿子一扭头就丢了，噫，老丢人了，肯定没人往外传。

　　于是年方七岁的小李泌就这么被唐玄宗派人拐入宫门。这时候玄宗正在和一个叫张说的人下棋，一看手下把李泌抱来了，顿时眼前一亮："哎呀，这孩子看着就跟前面的小孩们不一样，一看就是新时代的国家栋梁。"

　　玄宗方与张说观棋，中人抱泌至，傲与刘晏，偕在帝侧。及玄宗见泌，谓说曰："后来者与前儿迥殊仪状，真国器耳。"说曰："诚然。"（《邺侯外传》）

　　嗯，别人都九岁，他七岁；别人都是配角，他有主角光环，能一样么？说起来这时候和玄宗一起下棋的张说，日后还会和李泌的命运扯上一句话的小关系，可能这就是命运的安排。

　　话说回现在，主角光环也挡不住考试的命运，为了试试这个孩子到底怎么天赋异禀，玄宗当即令张说出题考一考李泌。

　　张说脸上笑嘻嘻，心里早就骂人了，他寻思着：太难了万一考倒了小孩，打脸的事情不太厚道；太简单了又好像故意放水，容易被怀疑是隔壁老王。

　　这时候，张说看到棋盘，有了主意。既然是在下棋，他索性用棋盘出题，要求以方圆动静为立意作诗一首，并且给了个例文："方如棋盘，圆如棋子，动如棋生，静如棋死。"半命题作文，文体限定，自由发挥。

　　小顺顺表示，哦那就好办了！感谢唐朝没有物理化学，作诗这种小事，七岁的李泌当即提前交卷：

　　"方如行义，圆如用智，动如逞才，静如遂意。"

张说："皇上，这答题水平，紧扣立意核心，仿佛高考状元穿越而来，神童啊！"

你是不是以为这孩子要七岁入朝堂，打破甘罗十二岁官拜御史大夫的神话了？

呵呵，图样图森破。

还记得初中课文《伤仲永》吗？少年天才不好好培养怎么行？玄宗直接嘱咐了李泌的家长："好好养这个孩子啊！"

李泌的开挂一生由此开始，或许记录和尚预言故事的《邺侯家传》是李泌之子李繁的荒诞作品，却也有股奇妙的首尾照应——所谓"慎勿以紫衣衣之，当起家金紫，为帝王师"，正是叮嘱其家人，不要让他太早入仕。而玄宗的决定，也正巧与这个预言对应。

到底是真有了这么一句预言，才让他觉得自己一生早有天定；还是他结束了半人半仙的一生，才有了他儿子著书立传写出这么一段故事呢？真相也只有他自己知道了。

再说回现在，如果光是长得俊并且会作诗，那也只是个有才华的小少年。李泌是号称要飞升成仙的人，自然要在人间大放光彩。武林高手身轻如燕那是轻功，李泌从小身轻如燕那是天赋。据称，此神棍小时候可以站在屏风上。

除此之外，还有道士说，李泌是十五岁就要白日飞升的仙人。因为李泌的父母十分不舍得这个孩子，所以每当有什么神迹出现的时候，李家人就都开始素质十八连把接引的神仙骂走。这一行为，显然加重了病人的修仙妄想病。

据说李泌十五岁那年，突然有一天，彩云挂在了他家树枝上。神仙败就败在太讲究排场，这么一个天降瑞象，李家人顿时拉起备战警报，准备了大蒜汁韭菜汁等各种呛鼻子的生化武器。

根据其"病历"《邺侯家传》记载，除了彩云，神仙出场前还降下仙乐，于是李家人就站在房顶上对天挥洒大蒜汁。

这个画面想想真是充满劳动人民的创造力，豪宅大院房顶上站着十几个彪形大汉，奋力对天泼洒蒜蓉和韭花的混合物，再配点芝麻酱和腐乳就能准备涮羊肉了。不过考虑到地心引力的原因，泼上去也得落自己一身，李家人为什么不考虑多找几个人嚼大蒜吃得一嘴口臭，直接对天开熏呢？

可能是神仙真的怕了这群挥蒜如雨的凡人，终于被臭走了。表面上看这场神棍儿童争夺战是人类赢了，然而神仙出手就是不同凡响，李泌的修仙妄想症，加重了。

掐指一算，修仙要断

大概是因为从小就笼罩在天生异象的错觉里，李泌在其父过世之后，神棍之路走得是越发顺遂。妄想症得不到有效治疗，从此一发不可收拾。

虽然在之前那场神人争夺战是人类取得了阶段性胜利，然而李泌的心中已经深埋了飞升的种子。就算一时间不能上天，他也会找理由跑去修仙，或者在妄想症发作之时无限作死。在神仙被臭走的两年后，也就是李泌17岁的时候，他大笔一挥又写了一首歌行体的诗：

天覆吾，地载吾，天地生吾有意无。不然绝粒升天衢，不然鸣珂游帝都。焉能不贵复不去，空作昂藏一丈夫！一丈夫兮一丈夫，平生气志是良图。请君看取百年事，业就扁舟泛五湖。（《邺侯外传》）

大家注意一下，这时候神棍还是个青春期叛逆的少年，已经夸下海口：要么升仙，要么当官。对天赋异禀的神棍来说，当然是修仙更加容易，年纪大一点儿，李泌就已经作为道士云游四方了。

这一次他不是在修仙的边缘试探了，而是在修仙的深渊里如鱼得水，并且直接遇到了神仙。这位神仙还是很厚道的，没直接把他带到天上去，而是给了他修仙姿势一百讲，最后拍肩鼓励："太上有命，以国祚中危，朝廷多难，宜以文武之道佐佑人主，功及生灵，然可登真脱屣耳。"（《邺侯外传》）

神仙："别急，现在还不是你上天的时候。"

李泌："嗯！我懂！"

神仙："桥豆麻袋（日语"等等"的意思）？你真的懂了吗？"

也不知道李泌是懂了什么，反正自从遇到神仙之后，他就开始了长期辟谷修仙的生涯。所谓辟谷不是指啥都不吃，而是指不吃五谷。

这时候还是天宝初年，那么他辟谷坚持了多久呢？大概是二十余年，反正直到后来李亨都从太子当上皇帝了，他还在辟谷。一直到肃宗续不住先一步驾崩，代宗即位，他依然在辟谷。

李泌就在这样的修仙路途中一去不回头，直到玄宗天宝十年，他终于踏入官场，献上作品《复明堂九鼎议》。唐玄宗这时候想起了那个七岁就能作诗的奇才少年，将他召入宫中，宣讲《老子》。一听之下十分喜欢，于是将李泌升为待诏翰林，李泌也就由此与太子李亨站在了同一阵营。

不管在什么时候，政治都是个危险的玩意儿。韩国有青瓦台魔咒，可能大唐也有待诏翰林魔咒。有没有觉得这个职位十分耳熟？提示一下，你耳熟的那位待诏翰林后来被赐流放还不许再入长安。可能待诏翰林有什么约定俗成的职业规范，不久，李泌也因为写《感遇诗》涉嫌影射时政，被杨国忠在玄宗面前告了一状，被贬官了。

李泌：呵，凡人，本仙人不跟你们玩！

面对权贵嫉恨，李泌的选择永远是以退为进，转身走人，重新回到山间修仙云游。此后直到其母过世，李泌回到长安短暂停留，自此就像是彻底和人间断了联系，开始全心全意地修仙。直至安史之乱，杨国忠身死，肃宗在灵武登基后寻访李泌，他才终于又返回官场。

即便如此，他的自我定位也依然是修仙人群，即使与肃宗亲近到出双入对，仍然拒绝接受肃宗赐予的官位。见到两人出行，人们简单粗暴地区分为：着黄者圣人，着白者山人。

唐朝称呼皇帝为"圣人"，而"山人"则指隐士高人。肃宗听说之后，把这句话告诉了李泌，又说："这会儿国家危难，我也不敢委屈你当官，不如你就穿个紫袍官服打消群众的疑惑吧。"

李泌虽然不想当官，但是这话说得他也没有拒绝的理由，不得已，穿了肃宗赐予的紫袍。等到换上了衣服拜谢肃宗，肃宗的套路终于展开了："你都穿了官服了，怎么能没有官位呢！"肃宗取出一份敕令，让李泌做侍谋军国、元帅府行军长史。这次李泌坚决不干了，毕竟是心系修仙的人。肃宗又开始进一步套路："我哪敢用你这种仙人当臣子啊，这不是国家危难吗？这样，等到战乱平定了，就随便你走！"

好像很有道理，修仙妄想症患者李泌，终于被魔爪抓进了政坛。

纯洁一点，都是君臣

因为李泌修仙妄想症晚期弃疗，坚决不要官职，所以肃宗从来都是用"先生"专称李泌，充满了一股"好好好都依你"的奇妙氛围。

还记得前面李泌提出要睡肃宗大腿的故事吗？这个故事还有后续。历史给了李泌这位修仙妄想症患者极大的惊喜，时间的车轮一滚，收复失地的战线就已经推进到了扶风。在扶风收复期间，肃宗每次都会派李泌当元帅，先行一步清理行宫，全都打扫干净之后，他再驾临。一直这么干到保定郡，李泌消极怠工了一下，清理完先是找地儿眯了一觉。结果偷懒的瞬间被老板抓包，这怕不是想提前飞升。

然而这对君臣的画风是甜宠。在李泌睡得昏天黑地之时，唐肃宗驾到。发现李泌偷懒，他特地让人不许惊动李泌，然后捧着李泌的头放在自己膝上。等到李泌美滋滋睡醒，一睁眼发现自己提前睡了皇上大腿，气氛顿时不可描述。

然后肃宗笑眯眯地表示，膝枕你都睡了，两京啥时候收复呀？加快工作进度嘛，不要让朕等太久哟！

系统提示，玩家李泌获得 BUFF：都别拦着，老子要去加班！

据《邺侯外传》记载，唐肃宗是很喜欢半夜加餐吃夜宵的，而且不能自己一个人长膘，还得叫上李泌与三个弟弟颖王、信王、汴王一起吃。介于李泌是个辟谷的道士，于是在夜宵的时间，从来都是肃宗亲手给李泌烤两只梨。终于有一天，肃宗的弟弟颖王表示看不下去了，既然肃宗烤的是两只梨，那么能不能分给他一个呢？结果当然是失败了，肃宗十分嫌弃："你顿顿吃肉，先生辟谷，你好意思吗？"

可能颖王是个小傲娇："我就是试试大哥你这个心，怎么就这么往先生那儿偏呢？要不然我们三个弟弟加起来，分一颗梨，行不行？"

肃宗："那我给你别的果子，可劲儿吃吧。"

颖王："别的果子又不是你亲手烤的！"

李泌的内心大概是：我的老板这么爱我怎么办？以及我老板的弟弟好像是个兄控怎么办？

俗话说树大招风，俗话又说秀恩爱死得快。由于肃宗如此宠爱（请认真而严肃地理解为宠信和关爱）李泌，终于招致了元载、李辅国等人对李泌的深深嫉恨。

除了政界的敌人之外，连肃宗的皇后张良娣都是李泌的对家。这个仇不是因为这个神棍睡了她丈夫（的大腿）而结的，而是因为另一出大唐王室的家族悲剧。

想当年肃宗赐给张良娣一个七宝装饰的马鞍，李泌作为忠诚谋士，立刻跳出来对肃宗说："今四海分崩，当以俭约示人，良娣不宜乘此。请撤其珠玉付库吏，以俟有战功者赏之。"

这时候天下还没定呢，做皇上的要勤俭节约啊！把上面的珠宝抠下来交给府库，等到谁有战功再奖赏功臣不是很好么！

道理是这么个道理，然而张良娣听完想哭："我说先生，咱俩好歹以前也是邻居，你至于这么拆我台吗！"

这大概就好比，自家老公终于给多年发妻买了个钻戒，半路跳出来一个野男人让她老公把上面的钻石抠下来。放在现在，估计能成血案，放在大唐，张良娣这颗心也是"哗哗"碎了一地。

更难过的是她老公完全听这个野男人的话，还表扬野男人："先生为社稷计也。"

更过分的事情发生了。肃宗说完之后，就听见他的儿子建宁王李倓在走廊哭，吓一跳，赶紧把他叫上来："娃啊你哭个啥呢？"

李倓："爹啊，我感动！我刚还担心战乱不知道啥时候能完事儿，这就看见您从谏如流，咱们肯定能迅速迎回太上皇光复长安啊！"

这个马屁拍得是前无古人后无来者，张良娣听了想打人，从此跟李泌和李倓结了个血海深仇。这还没完，肃宗准备提前封张良娣为皇后，李泌又说了一句："别急，现在太上皇还没有回来，皇上您在灵武登基是为了天下大事，家事要放在后面。封皇后这种事情，等到收复两京之后再封也来得及，不就晚一年嘛！"

张良娣："我恨……"

已经招致了李辅国等人的仇恨，再加上一个张良娣，反派作死小分队迅速形成。

李俶已经先有了预感，提前告诉了李泌："先生，张良娣和李辅国要坑你啊，我先帮你把他俩给除了吧？"

李泌："别了吧，这不是当儿子该说的话，建宁王您悠着点……"

李俶："我不！"

可能这就是不撞南墙不回头，李俶开始经常跟肃宗说张良娣与李辅国的恶劣行径。隔了没多久，肃宗问李泌："现在我想让建宁王去打天下，但是广平王当元帅这么久，我担心这么一闹又搞得内部分裂，你说我提前把广平王立为太子怎么样？"

虽然李泌满脑子修仙，但是人家还是谨记谋士本质的："战事是战事，该咋办就咋办。至于家事，现在太上皇还没回来，还是以后再说，不然以后的人会怎么评价您在灵武登基的事情？我觉得您有这个心思，八成是有人要撺掇我跟广平王不和谐，不如您就把我这话告诉广平王，我估计广平王自己都不敢当这个太子。"

满脑子修仙是李泌的人设，而他的人设里大概还有一条光风霁月的君子之道。退下之后，李泌自己又把这话告诉了广平王李俶。李俶当即表示："先生您这是知道我在想什么，还想顺便成人之美。"而后又进去，对肃宗禀告："您这身子骨还硬朗，我这得是啥心思才想着当皇储啊？咱这事儿，还是等太上皇回宫之后再说吧！"

肃宗总算是开心了，可能李泌的内心是崩溃的：我只是个修仙的道士，为什么连家庭纷争都要管……

这就是命，不管都不行。李俶还在努力跟肃宗说着张良娣与李辅国的恶劣行径，却没想到张良娣与李辅国已经里应外合行动了起来。李辅国负责在外散布谣言，张良娣则是吹起枕边风，忽悠了肃宗一把——

"李俶这小子没能总揽兵权，好像有点不甘心，貌似要谋害广平王。"

肃宗自己就是在太子之位上战战兢兢活过来的，再一听儿子要折腾内定的太子人选，当即大怒，赐死李俶。

李泌：喵喵喵？读条的时间都不给我？皇上，你会后悔的！

李俶：喵喵喵？我弟弟就这么死了？抢救时间都不给我？

李俶开始准备跟他爹说说怎么弄死张良娣了，李泌不禁深深为这哥俩的情商担忧："大兄弟啊，你没看你弟弟建宁王已经GG（竞技游戏礼貌用语 Good Game）

了吗？你还来？"

李俶可能还对李泌有点孺慕小情绪："我这是担心先生你啊！"

李泌："我跟主上约好了，收复两京之后我就走。广平王您好好尽孝，张良娣说到底就是个妇人，别作死，没事的！"

事实证明李泌又双叒叕说对了，等到杀了李俶，转眼肃宗又后悔了：我是不是有点冲动了？妈耶，我儿子就这么死掉啦？

是啊，不然你想怎么样……李泌的内心估计也是崩溃的。第二年，广平王李俶收复了两京，肃宗回到长安，做的第一件事就是拟了一份奏表请玄宗回京，紧接着派快马请李泌回来，并十分高兴地对李泌说："我已经上表请太上皇回来重新当皇帝，我这就准备回东宫接着当太子啦！"

李泌听完大概是两眼一黑，直接问肃宗："还来得及把奏表追回来吗？"

"追不回来了，咋的？"

"太上皇肯定不会回来。"

"为啥啊！"

李泌："别问为啥了……这样，还是写群臣贺表，说皇上您从马嵬留下到现在，特别想他，请太上皇快回来成全您的孝心，这就行了。"

肃宗："给大佬递笔。"

等到李泌写完，肃宗看过之后是两眼泪汪汪："我本来是想让我爹回来当皇帝，现在一看真是失策！"

这事情一完，总算可以休息一下。到了晚上两个人一起喝酒，顺便像以前一样同榻而眠。肃宗很高兴，李泌就更高兴了："我终于可以回去修仙了！"

肃宗高兴不起来了，挽留半天，李泌给他五条自己不能留下的理由："臣遇陛下太早，陛下任臣太重，宠臣太深，臣功太高，迹太奇，此其所以不可留也。"

不知道为什么，脑子里突然闪过言情小说经典画面，是你的错还是我的错，不，这都是命运的错……

肃宗蒙圈之后，果断采取拖延战术："先睡吧，改天再说。"

李泌这次不中计："今天我和陛下睡在一起，陛下都不听我的，以后在朝堂上难道就会听了？陛下你要是不让我走，那我早晚会死在政坛的，你这是坑我。"

"我又不是勾践，哪能卸磨杀驴啊！你这么不信我我很伤心啊，是不是我不听你的战术，你生气了呀？"

肃宗可能是真委屈，开始琢磨李泌到底为什么非得要走了。但是他没想到这是李泌的套路，绕了一圈，最后李泌说："其实吧，我真不敢跟你说起来的，也不是什么战术不战术的事情，是建宁王那个事。"

其实肃宗杀完李倓就后悔了，就是面子要紧不肯认账。俩人唠了半天，最后肃宗还是哭唧唧流着眼泪先认了错："得了得了，既往不咎，就别说这个了……"

李泌："我把这事儿翻出来，不是为了算旧账。我举个例子吧，当年天后武则天有四个儿子，她打算登基的时候，就杀了长子李弘；然后二子李显怕她接着杀下去，就给她写了一首《黄台瓜辞》。这首诗是这样的：'种瓜黄台下，瓜熟子离离。一摘使瓜好，二摘使瓜稀。三摘尤为可，四摘抱蔓归。'"说到这里，李泌的意思也就十分明确了：

"皇上，建宁王这件事已经是一摘了，别再有二摘的事情啊。"

可能肃宗想来想去也没想到李泌会对他说这个，当即表示要找纸笔做李泌语录，写下来挂墙上天天看。

李泌："好啦好啦，有这个想法就好，不用非得搞个形式。"

事实证明李泌这话说得十分及时，因为张良娣又开始散布广平王造反的谣言了。恭喜肃宗，终于没中招。李泌继续陪着他，直到唐玄宗收到了李泌写的奏表决定回归长安，李泌这才放心地离开了朝廷，回到衡山继续他的修仙之路了。

仙君留步，人间有事

可惜修仙的总是不能长久，等到肃宗驾崩，广平王登基，即后人所称的唐代宗。这一次，轮到了代宗派人将李泌从衡山请回朝堂。且说代宗继位之后，虽然把李泌请回了长安，却和肃宗一样对李泌的修仙之路十分纵容，又是赐名号又是赐法器，并且实践了和尚"起家金紫"的预言，赐给李泌金鱼袋和紫袍，还在蓬莱殿旁边给他修建了一间修道的书院，有事没事就往里窜。名义上李泌没有官职，实质上军国大事李泌都有发言权。这还不够，代宗又命人给李泌建了一间外宅，让李泌能跟亲人旧识没事儿见面唠嗑。

可能套路也是父子相传，代宗的根本目的，是让李泌留下做同平章事。李泌在拒绝了N+1次之后，代宗灵光一闪，笑眯眯表示："好好好，不当就不当，咱俩住得近一点早晚都能见面，有啥事商量着就办了，不当宰相也行啊！"

话是这么说的，然而代宗大历三年的端午节，新一轮套路又开始了。王公贵族都给代宗献上礼物，只有李泌没有——他也不太可能有，毕竟他是个道士，自称贫道的意思可能是说自己是个贫穷的道士。代宗心知肚明，却还明知故问："先生，怎么就你啥礼物都不送我啊？"

李泌也挺无奈的："我现在住在宫里，身上穿的衣服都是陛下赐的，除了我自己真是啥都没有，陛下你让我送你什么？"

"我想要的就是先生你呀！"

不好意思我想歪了，马上纠正自己的错误。

李泌倒是没想歪，可能还在顺水推舟成全代宗的套路："臣不是陛下的人，还能是谁的？"

代宗表示心满意足："先帝想让先生屈尊当宰相都没成功，现在先生你既然把自己献给我了，那就让我为所欲为吧。"

"皇上你到底想让我干啥？"

"嘿嘿嘿，我就想让你喝酒吃肉，娶妻生子，封侯拜相当个俗人！"

不知道为什么，我居然还有一点点失望。可能代宗是扁鹊转世吧，看见修仙妄想症就想强行治疗。但是病人并不想配合还被气得哭唧唧：

"臣辟谷修道二十多年了，陛下干吗这么欺负我啊？"

"你哭也没用，在深宫里，哭破喉咙也不会有人来救你的！"

后因端午，王、公、妃、主各献服玩，上谓泌曰："先生何独无所献？"对曰："臣居禁中，自巾至履皆陛下所赐，所馀独一身耳，何以为献！"上曰："朕所求正在

第二章

099

此耳。"泌曰："臣身非陛下有，谁则有之？"上曰："先帝欲以宰相屈卿而不能得，自今既献其身，当惟朕所为，不为卿有矣。"泌曰："陛下欲使臣何为？"上曰："朕欲卿食酒肉，有室家，受禄位，为俗人。"泌泣曰："臣绝粒二十馀年，陛下何必使臣隳其志乎！"上曰："泣复何益！卿在九重之中，欲何之？"乃命中使为泌葬二亲，又为泌娶卢氏女为妻，资费皆出县官。赐第于光福坊，令泌数日宿第中，数日宿蓬莱院。（《资治通鉴》）

自此，李泌迫不得已开始了主业修仙兼职做官的生涯。然而妄想症患者永不为奴，一旦仕途不顺，立刻回归修仙正道，在飞升成仙的迷之道路上策马狂奔不回头。期间更有无数次仙人降临在他面前，然而勾搭良久只是拍肩感叹："乖，再留凡间等一等，等你辅佐完皇帝，就能升仙了。"

可能修仙人士最厉害的就是命长，用寿命碾压一切。纵观李泌六十八岁的高龄人生，熬死了玄、肃、代三位皇帝。嫉恨他的政敌更是从唐玄宗时期的杨国忠，到肃代德三帝时期的崔圆、元载、李辅国、常衮。每一次被政敌排挤，李泌都是在离开朝堂重返修仙的天堂兴奋起舞。他四次离开朝堂，看似是政敌取得胜利，但结果均是李泌活到政敌失势或者政敌逝世，最后被皇帝重新召回政界。

最后的最后，李泌拉着德宗皇帝的手说："我给你讲，我看着你太爷爷、你爷爷、你爸爸是怎么没了的；你爷爷发丧的时候，送葬的挽歌还是我写的；之前杨国忠挤对我，他死了；然后李辅国挤对我，他也死了；再后来元载他们很多人挤对我，现在他们都死了……"

德宗："你这样我有点慌。"

李泌："别怕，我真的该回去修仙了。"

我已登仙，你们随便

遥记多年以前，李泌枕着肃宗大腿但求一动天文。多年以后的贞元四年四月八日，一次月蚀被清晰观测到，在修仙妄想症患者李泌看来，上一次月蚀东壁，是曾经在玄宗驾前用棋盘考他诗文的张说过世之时。现在又是一次月蚀东壁，是作为宰相兼任学士的他离世之时，与曾经的张说遥相呼应。

次年三月，李泌终于在帝都安然羽化。坊间传闻，也是那个三月，在衡山蓝关之处，有个叫作林远的小官吏自称遇到了李泌。只见李泌一人骑马，穿着寻常衣服，说自己暂居衡山，与他聊起三朝旧事，而后淡然告别。直到林远回到长安，才知道李泌已经升仙。

不知道史官记述这一笔的时候是否也曾唏嘘：那些见证过开元天宝盛世大唐的人，终究是一个个离开了。如果说人死后只能存在于生者的记忆中，那么这个陨落的盛世，是不是也只能留存在那些经历过的人的回忆里，最后随着他们生命的终结，从此再也找不回？

李泌这一生，褒贬评价分歧颇大。作为一个重度修仙妄想症患者，李泌并不被儒家主流文化所认同。《旧唐书》评价他作为宰相没有任何建树，认为他"操尚不羁，耻随常格仕进"，也就是说认为此人只是不愿意从底层公务员慢慢做起，修仙只是走终南捷径罢了；而他当上丞相以后，更是"随时俯仰，无足可称"，只会随波逐流；其后是"复引顾况辈轻薄之流，动为朝士戏侮，颇贻讥诮"，大概就是混得十分之差。

而在《新唐书》之中，却评价他："泌之为人也，异哉！其谋事近忠，其轻去近高，其自全近智，卒而建上宰，近立功立名。"相比于《旧唐书》，更多是称赞："观肃宗披榛莽，立朝廷，单言暂谋有所寤合，皆付以政。当此时，泌于献纳为不少，又佐代宗收两京，独不见录，宁二主不以宰相器之邪？"

后人评价众说纷纭，然而对李泌来说，大概这一生还是以修仙为己任。在儒家倡导的"舍得一身剐，敢把皇帝拉下马"的死谏精神下，李泌却是贯彻落实了作为道士的自保精神，因此颇受诟病。即使是安史之乱期间，肃宗不顾总方针，冒进收复两京，导致后期战乱时间延长，他也没有全力劝阻肃宗。他谏言禁止人民开采"瑟瑟"宝石，德宗不采纳，他也并未坚持。

但是在大是大非面前，李泌也的确有一个臣子的骨气。不论是劝解赐死李俶的肃宗，还是劝告意图废立太子的德宗，他都尽到了人臣的职责。

李泌一生的各种故事几乎都可以被称为封建迷信，修仙上瘾拒绝还俗，二十余年辟谷吃素，一直到代宗逼着他才终于娶妻生子。还好他留下了儿子，写出《邺侯家传》，让后世还可以了解到这个沉迷修仙不思人间的妄想症患者近乎传奇的一生。

司马懿
SI MA YI

佛系养生，了解一下

文 / 夜观天花板

咱们先从小小司马懿讲起。他家庭条件不错，高祖父是将军，曾祖父和祖父都是太守，父亲司马防是京兆尹。什么是京兆尹呢？就是首都的市长——相当不错！

司马防的夫人给他生了八个儿子，因为每个儿子的字中都有一个"达"字，所以当时人称"司马八达"。

这八达分别是：

司马朗，字伯达。

司马懿，字仲达。

司马孚，字叔达。

司马馗，字季达。

司马恂，字显达。

司马进，字惠达。

司马通，字雅达。

司马敏，字幼达。

其中司马朗、司马懿、司马孚在历史上都有分量，但我们今天只单讲司马懿。

司马懿小时候就很出众，无论是颜值还是才能都被长辈看好，说他是"少有奇节，聪明多大略，博学洽闻，伏膺儒教""常慨然有忧天下心"。

当时的尚书崔琰，与司马懿的兄长司马朗交好，曾对司马朗说："你弟弟聪明啊！做事果断，不是凡人，也不是你所能比得上的！"

司马朗听了想打人。

司马懿：我只想低调做一个佛系 boy，夸奖随缘，善哉善哉。

崔琰：司马仲达，真不是塑料夸奖，你是真的真的很不错！

司马懿：不以物喜、不以己悲、一切随缘，错和不错我都 ok。

崔琰：……

崔琰：聪亮明允，刚断英特，非子所及也。（《晋书·列传一》）

在这里插播一则小故事。

据说尚书崔琰长得异常俊美。他好看到什么程度呢？"声姿高畅、眉目疏朗"。有一年，匈奴使者带着大批奇珍异宝来朝，求见曹操，曹操觉得自己颜值不行，传播出去不太好，便撒了个谎，让崔琰代替自己接见使者。见面时，崔琰端坐正中，曹操扮作侍卫模样，手握钢刀，站在崔琰旁边。等接见完了以后，曹操却很八卦很不甘心地派间谍去打听匈奴使者印象如何。使者不假思索道："魏王俊美，丰采高雅，而榻侧捉刀的那个人则气度非凡，才是真英雄也！"曹操听完，心花怒放。因为这件事，后世才将代替别人做事称为"捉刀"。

渐渐地，司马懿长大了，二十几岁的时候，郡中推举他为上计掾（掾这个字念"yuàn"），上计掾是佐理州郡上计事务的官吏，也就是古代官方写手账的。当时曹操还没做到丞相，做的是司空。曹操听说司马懿的名声后，就派人去喊司马懿，让他到曹府任职。

司马懿一想，汉朝国运已微，争斗严重，其中夺权势力最大的头头就是曹操，跟着他不是会招黑？

司马懿：我只想安安静静做一朵白莲花，活着最好，平凡是福。

然后司马懿就开始装病，装风痹。

风痹是什么病？

临床表现为肢体酸痛，痛而游走无定处。是风寒湿三邪中以风邪偏胜，而风邪易于游走所致。而且这个病没有预防措施，也不能保证治好和不会复发。

可以说是很厉害的病了。

装这个病还是非常需要演技的，司马懿就演得非常好。咱们知道，曹操是非常多疑的，可以"吾好梦中杀人"（曹操晚上睡觉被子掉地上了，侍卫想帮曹操盖被子，他怀疑侍卫要杀自己，把侍卫杀了。天亮来了人，曹操不好解释，撒谎说自己喜欢梦中杀人）。

曹操：《三国演义》又黑我！总有一天告罗贯中（《三国演义》作者）诽谤！

所以曹操就十分怀疑司马懿没有得风痹病，只是去中央戏精学院进修过了。

曹操：呵呵，信司马懿，母猪都能上树！

曹操就派人夜间去刺探消息，探子轻功是非常好的，没有发出任何一点声音，再说司马懿家未安装智能安全系统，没有监视器和记录仪，这次潜入可以说是完美无缺了。但司马懿厉害啊，他夜夜躺在那里，一动不动，像真染上风痹一样！

司马懿：不怕一万，就怕万一嘛……再说，能坐不要走，能躺不要坐，不是我一动不动，是我的床和被子太爱我，把我搂得紧紧的，有磁性。

人生何必那么苦，自在，欢喜。

操恐人暗中谋害己身，常分付左右："吾梦中好杀人；凡吾睡着，汝等切勿近前。"一日，昼寝帐中，落被于地，一近侍慌取覆盖。操跃起拔剑斩之，复上床睡；半晌而起，佯惊问："何人杀吾近侍？"众以实对。操痛哭，命厚葬之。人皆以为操果梦中杀人；惟修知其意，临葬时指而叹曰："丞相非在梦中，君乃在梦中耳！"操闻而愈恶之。（《三国演义·第七十二回》）

佛系养生，熬死曹操

建安十三年（208年），曹操当了丞相了。司马懿自然也年岁渐长，有一天司马懿正买着蛋糕（当天不是过生日），忽然接到命令——曹操使用强制手段，征召司马懿为文学掾。

什么是文学掾？

具体职业要求现在已经查不到了。不过"掾"在古代都是副官。

越得不到就越不甘心，年轻时的司马懿不肯为曹操效力，那就等他再成长些，再来征服他！

曹操还嘱咐使者："若复盘桓，便收之。"

司马懿：社会曹操，怕了怕了。别为小事发脾气，气出病来又何必！

司马懿遂去就职，史上记载他同意的原因是"畏惧"。

曹操安排司马懿同曹丕往来游处，历任黄门侍郎、议郎、丞相东曹属、丞相主簿等职。无意之中命运为司马懿做了选择，在某种程度上也决定了司马家族今后的发展方向。

《魏略》中记载了这样一件事。司马懿智商才学颇高，如果 100 分满分制，他至少也有个 85 分以上，可同期在曹府任职的曹洪，则才能稍逊。关键曹洪还自卑，认为自己才疏学浅，天天跑去找司马懿，想让先进生带动后进生。但司马懿并不想和曹洪来往，所以拄拐去见他。

曹洪：还有这种操作？掏小本本记仇。

然后曹洪就去找曹操打小报告，说司马懿坏话。司马懿一听曹操召见，立马扔了拐杖去见曹操。

种种谣言，皆是虚妄，小命要紧，得罪不得，阿弥陀佛。

司马懿在曹操帐下效力久了，曹操渐渐察觉出他"有雄豪志"。

司马懿：我一佛系 boy，"豪志"从哪看出来的？豪痣还差不多！

过了不久，曹操又发现，司马懿有"狼顾之相"。据说有一次司马懿告退时，走三步，一猛回头，曹操从他的回眸中看出了阴险、狼毒、算计。还说司马懿回头时还佝偻着腰，特别像狼。

司马懿：冤枉啊！都是华佗教我的养生操"五禽戏"做多了！我这么佛系，居然说我如狼似虎！算了，别人生气我不气，气出病来又何必，以后"真男人从不回头看爆炸"。

曹操因为自个的发现，开始对司马懿有所顾忌，还嘱咐儿子曹丕："司马懿啊，是绝对不甘于为臣下的人，我这个 flag 立在这里，他以后必会干预我们曹家的事情，你要注意。"

曹丕觉得同自己这么好的哥们，不是那种人，他还为司马懿辩解，维护司马懿。

司马懿：我到底招谁惹谁了！什么仇什么怨！

为了让曹操放下戒心，从此以后，司马懿把用在养生上的时间分出一半都用在工作上，埋头苦干，废寝忘食。但凡曹操发的微博必转发，但凡曹操发的朋友圈必点赞，如果叫车叫到曹操的滴滴，一定自己主动多走两步，绝不让司机多等，曹操这才安心。

帝内忌而外宽，猜忌多权变。魏武察帝有雄豪志，闻有狼顾相。欲验之。乃召使前行，令反顾，面正向后而身不动。又尝梦三马同食一槽，甚恶焉。因谓太子丕曰："司马懿非人臣也，必预汝家事。"太子素与帝善，每相全佑，故免。帝于是勤于吏职，夜以忘寝，至于刍牧之间，悉皆临履，由是魏武意遂安。（《晋书·宣帝纪》）

曹操：司马懿非人臣也，必预汝家事。（《晋书·列传一》）

建安二十年（215年），曹操征讨张鲁时，司马懿随军。他给曹操献了个计谋，但曹操并未听他的，事后发现其实司马懿的计策才是最优的。

司马懿：为了小事发脾气，回头想想又何必。

然后一点都不气地继续向曹操献新的计策，让他利用孙权和刘备之间的矛盾，坐收渔利，解除樊城的围困，还能破坏诸葛亮两面钳击中原的计划，破坏孙刘联盟，改变当时的战略格局，掌握主动权……总之就是一优点多多的计策。

曹操不是傻子呀，这会儿依了司马懿的计策，果然东吴派吕蒙奇袭公安——嘿，不仅成功，还杀了关羽，除去敌国一员猛将。

曹操对司马懿戒心减50分。

诸葛亮对司马懿敌对程度加100分。

延康元年（220年），曹操去世，朝野危惧。可以说是非常大的变故和震荡了。曹丕做了皇帝，给捧自己登上九五之尊的好哥们司马懿管理丧葬诸事的权力，大家从此都对司马懿侧目三分。

司马懿（擦了一把额头上的汗）：作为一个养生boy，终于熬死一个对手了，不容易，再接再厉。佛系男孩，熬死一个就很开心。

佛系养生，熬死曹丕

曹丕为魏王时，封司马懿做河津亭侯，封侯了！后来又转丞相长史，大官儿。

当时孙权正率军向西。魏国朝臣们认为樊城、襄阳缺乏粮食，不能抵御吴军，请召守将曹仁回驻宛城。只有司马懿不同意："孙权刚打败关羽，正想同我们结好，一定不敢为患。襄阳是水陆交通要地，我们不能放弃！"

曹丕想尊重大多数，不听司马懿的。

司马懿：好的，可以，都行，听我的是缘分，不听我的我也安分。

曹丕遂命令曹仁放火烧毁二城。后来孙权果然没来入侵。曹丕那个后悔啊，难受死了。

司马懿：为什么不听我的呢？！唉，君臣兄弟不要比，工作琐事由他去！

司马懿继续在家练养生操。

黄初七年（226年）五月，曹丕驾崩，享年四十岁。

可以说是英年早逝了。

司马懿：同龄人去世了！又熬死一个！看来养生真的是非常重要了，早起早睡，不要酗酒，不要蹦迪。

曹丕临终时，令司马懿与中军大将军曹真、镇军大将军陈群、征东大将军曹休同为辅政大臣。曹丕对太子曹叡说："有间此三公者，慎勿疑之。"

曹叡即位后，先改封司马懿为舞阳侯。后来司马懿击退了想趁着曹丕去世，趁火打劫的孙权，升任骠骑将军。后又先后任尚书、督军、御史中丞、侍中、尚书右仆射、向乡侯、抚军大将军假节钺。

佛系养生，热死诸葛亮

前面说过，诸葛亮同司马懿结下梁子了，后来这梁子越结越大。

当时，有位之前是蜀将，后来降魏，手里握着实权的汉子，叫孟达。曹丕在时，孟达是很得宠的，曹丕死后，孟达失宠。

诸葛亮知道了这件事，作为蜀丞相，他当然是赶快暗中和孟达通信，策反呀！越快越好。但诸葛亮故意向魏国泄露了孟达想叛逃的事。

孟达很慌，感觉整个人脸都方了，这时候司马懿给孟达写信："将军昔弃刘备，讬身国家，国家委将军以疆场之任，任将军以图蜀之事，可谓心贯白日。蜀人愚智，莫不切齿于将军。诸葛亮欲相破，惟苦无路耳。模之所言，非小事也，亮岂轻之而令宣露，此殆易知耳。"

这段话翻译过来就是一个表情包：莫慌，抱紧我。

孟达得信大喜，对于反水这事儿犹豫不决。

司马懿这边，面上给孟达写信套近乎打一针稳定剂，暗地里率军日夜兼程前去讨伐孟达。

诸葛亮很着急，心想这次和孟达合作完，就再也不同天秤座合作，都有纠结症！诸葛亮还告诫孟达，守城周围加紧防范，司马懿老奸巨猾得很。

司马懿打了个喷嚏，一面行军一面不忘早晚养生操和泡脚的他觉得自己保养得很年轻，可隐隐却觉得谁在骂他老。

孟达，一个这么纠结的人，这时却显得迷之自信，他给诸葛亮回信说："宛城和洛阳相距八百里，离我处一千二百里，上表给天子，来回路程，少需一个月，那时我的城池已修固，诸军都做好了准备。我驻扎的地形深险，司马懿必不会亲自来，其他部将来，则不足为患。"

然而司马懿喝着保温杯里泡的枸杞水，指挥着大军八天就到了新城城下。

孟达非常惊叹，写信给诸葛亮汇报这一奇迹："吾举事，八日而兵至城下，何其神速也！"

诸葛亮收到信件，心情复杂，心想不怕神对手，就怕猪队友。赶紧和吴国一起派出援兵解救孟达。可司马懿的部队把这些援军全都拦阻在西城的安桥、木兰塞等地。孟达在城外竖立木栅，加固城防。司马懿则挥师渡水，毁其木栅，直逼城下。最后兵分八路攻城，仅十六天，孟达的外甥邓贤、部将李辅就开城投降。魏军入城，擒斩孟达，传首京师，俘获万余人。

诸葛亮对司马懿的仇恨值直接升至满分。

然后，诸葛亮开始著名的"六出祁山伐魏"了。

一开始魏国选出的对打人选不是司马懿，但一上来碰到诸葛亮，就跟鸡蛋碰石头，咔嚓咯嘣脆。

没办法，只好派司马懿上场。

司马懿：其实臣真不喜欢加班。

凡是不养生的他都不喜欢。

太和三年（229年），蜀丞相诸葛亮第三次出兵攻魏，没结果。

太和五年（231年）二月，蜀丞相诸葛亮率军第四次出兵，依然没结果。

最后诸葛亮和司马懿对阵五丈原。

二年，亮又率众十余万出斜谷，垒于郿之渭水南原。天子忧之，遣征蜀护军秦朗督步骑二万，受帝节度。诸将欲住渭北以待之，帝曰："百姓积聚皆在渭南，此必争之地也。"遂引军而济，背水为垒。因谓诸将曰："亮若勇者，当出武功依山而东，若西上五丈原，则诸军无事矣。"（《晋书·帝纪一》）

五丈原对峙，魏军这边，司马懿发的指示是"坚壁拒守，以逸待劳"。但这样诸葛亮不干了呀，多次挑战（衅），只是司马懿坚持防守不出战，将老乌龟做到底。

诸葛亮一看，没别的招了，只好刺激司马懿。对一名直男来说，最大的侮辱大概是嘲笑他女里女气吧！于是诸葛亮派人给司马懿送去"巾帼妇人之饰"，简而言之，就是女装，欲激司马懿出战。

司马懿笑嘻嘻接过女装，穿了。

穿了……

司马懿：不怒，不撕，安安静静做一位女装大佬。诸葛孔明，你看我穿裙子漂亮吗？

诸葛亮闷出一口老血来。

司马懿这边，穿着女装，问使者："诸葛亮日常起居如何呀？吃多少呀？"

使者："三四升。"

司马懿："他工作忙不忙呀？"

使者："打二十军棍以上的处罚，都是诸葛公自己阅批。"

司马懿："睡觉呢？"

使者心想，这司马懿不会是穿上女装就有非分之想了吧："睡得挺晚的。"

司马懿听完，在心里先一句"阿弥陀佛"，再一句"哈哈哈哈"，诸葛亮吃得少，睡得晚，天天加班，不是修仙就是要死了！

果然，诸葛亮当月就病故五丈原。只是蜀军遵从诸葛亮遗嘱，秘不发丧。但诸葛亮去世的消息还是由当地百姓透露给了司马懿——三国也有吃瓜群众。

司马懿一听，立马出兵了。诸葛亮都死了，还怕什么？无所畏惧，为所欲为，全军追击蜀军！哪知道蜀将杨仪返旗鸣鼓，做出回击的样子，司马懿以为诸葛亮没死，赶紧说"穷寇莫追"，收军退回。

这便是"死诸葛走生仲达"的故事。

司马懿听到大家嘲笑他，居然也不生气。觉得黑粉真爱粉皆是虚妄，他说："我长于预测活人的事，不长于预测人的生死啊。"不过要向司马懿请教养生方法，司马懿还是能写一套系列书的。

总之，Triple Kill！诸葛亮这个强劲对手也被司马懿熬死了！

熬死了曹操、曹丕、诸葛亮这三位说不清是敌是友的重量级对手，后面的对手其实都是渣渣。

又熬死了一个姓曹的皇帝

据说，其实更准确一点，应该是传说。

传说司马懿在襄平时，曾梦见魏明帝曹叡枕在他膝上——这个画面有点不忍直视。不过别担心，没什么不该看的镜头，曹叡说："视吾面。"

司马懿很听话地俯视，发现曹叡面有异色。司马懿一觉惊醒，乘追锋车昼夜兼行，从白屋到京城四百多里，一夜至京城。发现曹叡已经病重了，司马懿走到曹叡床边，皇帝拉着他的手，目视太子齐王，说："以后事相托。死乃复可忍，吾忍死待君，得相见，无所复恨矣。"

"吾疾甚，以后事属君，君其与爽辅少子。吾得见君，无所恨。"（《三国志·魏书·明帝纪》）

　　当天，魏明帝去世。

　　哦豁，连好哥们的儿子都死了，司马懿却还活着。当年继位的齐王曹芳，年仅八岁，司马懿和大将军曹爽一起接受遗诏辅佐少主，共执朝政。

熬不死曹爽就杀了他

　　曹爽排挤司马懿，想自己专权，便向皇帝进言，请求改任司马懿为大司马。

　　哪知道魏国的朝臣们大多迷信，认为以前大司马有好多都死在任上，不吉，于是提议任命司马懿为没有实权的太傅，像萧何那样，入殿不趋，赞拜不名，剑履上殿。

　　曹爽：封建迷信要不得啊！阻挡我的膨胀之路！

　　埋在地下的曹操：等等，怎么觉得哪儿不对劲？像萧何那样剑履上殿怎么觉得不是好事啊？我权力膨胀时也曾这么做过……有种不好的预感。

　　曹爽想要建立自己的威名，带军出征，伐蜀，哪知道输个精光，惨败。

　　司马懿在家养生，心里呵呵。

　　曹爽出兵对外立威不成，就想对魏国国内行使权力。他把太后迁到永宁宫，自己"专擅朝政，兄弟并掌禁兵，多树亲党，屡改制度"。

　　司马懿这会在干吗呢？

　　他还在佛系，还在养生。

　　#我若气死谁如意，况且伤神又费力#

　　司马懿伪装生病，不问政事。

　　曹爽这时智商还是在线的，担心司马懿是装病，就派人假装去拜望司马懿。那人回来向曹爽报告："司马懿已像尸体一样，卧床不起，只有残余之气，形神已经分离，不值得忧虑了。"

　　曹爽一算司马懿的年纪，也差不多两只脚都迈进棺材里了，便信了，就放松了警惕。

而司马懿这边，暗中布置，趁着曹爽陪皇帝去扫墓的机会，上奏太后，请废曹爽兄弟。当时，司马懿的大儿子司马师是中护军，控制着京都。司马懿亲自勒兵，出迎天子，上奏章给皇帝陈述曹爽之罪。

曹爽这边，则扣住奏章，把皇帝扣留起来。

司马懿乘机数说曹爽的过失，让他早来服罪，并以洛水为誓，告诉曹爽朝廷只是免他的官职，不会把他怎样的。

曹爽这时就智商掉线了，居然信了司马懿第二次，投刀于地，说："司马懿正当欲夺吾权耳。吾得以侯还第，不失为富家翁。"

哪知道曹爽一回府，立刻被司马懿派兵包围。司马懿违背诺言，以谋反的罪名杀曹爽及其党羽何晏、丁谧、邓飏、毕轨、李胜、桓范等，并且灭了三族。

九年春三月，黄门张当私出掖庭才人石英等十一人，与曹爽为伎人。爽、晏谓帝疾笃，遂有无君之心，与当密谋，图危社稷，期有日矣。帝亦潜为之备，爽之徒属亦颇疑帝。会河南尹李胜将莅荆州，来候帝。帝诈疾笃，使两婢侍，持衣衣落，指口言渴，婢进粥，帝不持杯饮，粥皆流出沾胸。胜曰："众情谓明公旧风发动，何意尊体乃尔！"帝使声气才属，说"年老枕疾，死在旦夕。君当屈并州，并州近胡，善为之备。恐不复相见，以子师、昭兄弟为托。"胜曰："当还忝本州，非并州。"帝乃错乱其辞曰："君方到并州。"胜复曰："当忝荆州。"帝曰："年老意荒，不解君言。今还为本州，盛德壮烈，好建功勋！"胜退告爽曰："司马公尸居余气，形神已离，不足虑矣。"他日，又言曰："太傅不可复济，令人怆然。"故爽等不复设备。（《晋书·帝纪一》）

佛系不再

之后，司马懿再也不讲 love 和 peace，大概是觉得做人何必那么苦呢？他开始随心所欲，架空魏室。

嘉平元年（249 年）二月，皇帝曹芳任命司马懿为丞相，司马懿拒绝。

同年二月，诏命加九锡之礼，朝会不拜，司马懿又拒绝。

嘉平二年（250 年）春，曹芳命司马懿在洛阳立庙。司马懿久病，不任朝请，每遇大事，天子亲自到他府中去征询意见。

同司马懿有仇的官员，例如狐愚、王凌、楚王曹彪不是迅速亡故就是自杀。皇帝曹芳这边，对司马懿的所作所为也没有什么办法，谁让司马懿寿命这么长，司马家积累下来的力量，已经无法撼动了。

曹芳任命司马懿为相国，封安平郡公，孙及兄子各一人为列侯，前后食邑五万户，封侯者十九人，司马懿仍然拒绝。

过了没多久，司马懿就去世了。

后来的故事大家都知道了，司马懿的儿子司马师、司马昭先后谋夺皇位，最终司马家族取代曹家，建立了晋朝。

值得一提的是，司马懿在世的时候，在魏国威望是相当之高的，即使后来有人讨伐司马师，檄文中依然对故去司马懿有"故相国懿，匡辅魏室，历事忠贞"等赞誉。

故相国懿，匡辅魏室，历事忠贞，故烈祖明皇帝授以寄托之任。懿戮力尽节，以宁华夏。又以齐王聪明，无有秽德，乃心勤尽忠以辅上，天下赖之。懿欲讨灭二虏以安宇内，始分军粮，克时同举，未成而薨。齐王以懿有辅己大功，故遂使师承统懿业，委以大事。而师以盛年在职，无疾托病，坐拥强兵，无有臣礼，朝臣非之，义士讥之，天下所闻，其罪一也。懿造计取贼，多畜军粮，克期有日。师为大臣，当除国难，又为人子，当卒父业。（《三国志·魏书·王毋丘诸葛邓钟传》）

司马懿到底是恶是善？是不是真佛系养生，谁又说得清呢！

苏味道
SU
WEI DAO

逃避虽然可耻但很有用

文 / 夜观天花板

苏味道是唐朝赵州栾城（现在的石家庄）人，虽然这个名字听起来十分有味道，但苏味道并不是美食家。他的后裔，吃羊肉吃到腻以至于发明了东坡肉的苏轼，也许算是半个美食家。

苏味道很聪明，9岁就能写文章，算是神童，20岁就中了进士，少年时便和赞皇李峤以文辞著名，并称"苏李"，是当时最热的文坛少年组合。并与李峤、崔融、杜审言合称初唐"文章四友"，这又是另外一个天团。

当时的史部侍郎裴行俭，非常喜爱苏味道的才华，恰逢朝廷征讨突厥，裴行俭就内推苏味道做了管记，主要负责行书令和表启的事。外戚裴居道是左金吾卫将军，寻访才子写谢表，辗转托了关系找到苏味道。苏味道一口应承，道："好说好说！"他挥笔写成，辞理精密，让人找不出来破绽，文章一时间霸占了当时的热门榜。苏味道因此更出名，裴行俭也把女儿嫁给了他。后来，苏味道有个儿子留在了四川眉山，这才有了"三苏"一脉。

苏洵、苏轼和苏辙："谢谢祖宗，谢谢这份家族优势基因幸运地遗传给了后代！"

值得一提的是，宋代"三苏"对这位唐朝栾城的老祖宗一直念念不忘，"三苏"虽然是四川人，却喜欢在文章、诗词、书画上署名"赵郡苏洵""赵郡苏轼"等。苏辙被朝廷授予"栾城县开国伯"，他给自己的作品集起名叫《栾城集》。苏东坡的墓志铭上写道"苏自栾城，西宅于眉"。

苏味道刚刚入仕时，正赶上武则天当女皇帝，朝廷多酷吏，而且告密、诬告和文字狱横行。酷吏的主要手段和目的，是用各种达到人类想象极限的酷刑来镇压反对武则天的人。

其中最著名的一段典故就是"请君入瓮"。武则天最重用的，同时也是最狠毒的两个酷吏，一个叫周兴，一个叫来俊臣。两人爱发明各种惨无人道的刑法，杀害正直官员和平民百姓。

有一天，一封告密信"嗖"地飞到武则天手里，内容竟是告发周兴与人合谋谋反。武则天当场拍桌子大怒，唤来来俊臣严查此事。

来俊臣回到家，眯起一双狐狸眼睛就谋算开了。周兴也是个奸狡的老狐狸，单凭一封告密信，肯定无法让他开口交代罪行（谁在乎这罪行是否真的存在）。可万一查不出结果，上头女皇帝怪罪下来，自个儿也担不起呀！

来俊臣来回踱步，掐着手指算呀想呀，终于想出一条对策。他给周兴发微信："老铁，快下雪了，来我家吃火锅喝酒呀！我刚进了好些扶桑和牛和澳洲肥牛！"

周兴不知有诈，屁颠屁颠赴宴。两人边喝边聊，周兴喝得有点高了，毕竟来俊臣将酒加热到了60度。来俊臣这时就叹了口气，故意让周兴听到的那种。

周兴："兄弟叹啥气呀？可是有啥烦心事？"

来俊臣："唉，不瞒你说，还真有件令我头疼的事。"

周兴："来，说出来！我来替你解决！"

来俊臣："弟我平日办案，常遇到一些犯人死不认罪，不知兴哥有没有什么解决办法？求指教指教，话筒都给你准备好了！"来俊臣说着还掏出笔记本和笔，俨然一副要做笔记的样子。

"这还不好办！"周兴得意地端起酒杯，"你找一个大瓮，四周用炭火烤热，再让犯人进到瓮里，这比死了还难受，我就没见过哪个犯人这样还不招供的！"

来俊臣连连点头，称赞姜还是老的辣，然后命人抬来一口大瓮，按周兴说的那样，在四周点上炭火，之后回头对周兴说："哥，宫里有人密告你谋反，陛下命我严查。Very sorry，你自己钻进去还是我扶你进去？"

周兴瞬间就腿软了，心想扶什么扶啊！老奶奶过马路都不扶就服你！周兴双手颤抖，手上的酒杯也拿不住，摔了，一声脆响。

接着又是一声脆响，周兴双膝跪地，连连磕头，鼻涕眼泪全出来了："我错了，我有罪，我招供！"

兴曰："此甚易尔！取大瓮，令囚入中，何事不承！"俊臣乃索大瓮，火围如兴法，因起谓兴曰："有内状推兄，请兄入此瓮。"兴惶恐叩头伏罪。（《资治通鉴·唐纪·则天皇后天授二年》）

就在这种恶劣的官场环境下，苏味道磕磕绊绊地晋升着，最终被武则天任命为凤阁舍人、检校侍郎同凤阁鸾台平章事。

咱们知道，唐朝的行政机构是以中书、门下、尚书三省综理政务（即中书省、门下省、尚书省），三省长官（中书令、侍中、尚书左右仆射）并为宰相。其中中书、门下二省长官权力最大，机关也最重要。

到了武则天当政，她是出了名的爱改名。首先，"唐"改成了"周"，武周朝。其次，武则天执政20年，换了17个年号，有的三四年一换，有的一年两换。李治没让武则天执政时，年号还很正常，一个永徽用好久。等到二圣临朝，夫妻共治时的年号就有点多了：显庆、龙朔、麟德、乾封、总章、咸亨、上元、仪凤、调露、永隆、开耀、永淳、弘道。武则天自己当皇帝，换的昵称有光宅、垂拱、永昌、载初、天授、如意、长寿、延载、证圣、天册万岁、万岁登封、万岁通天、神功、圣历、久视、大足、长安。

一朝权在手，年号看心情！越来越夸张，这都不是问题！

不仅改年号，武则天给自己的称号也改，咱们观摩下这个变化：天后、圣母神皇、金轮圣神皇帝、慈氏越古金轮圣神皇帝、（神龙政变，当皇帝后）则天大圣皇帝、（病逝后被打回原形，后来慢慢再加）天后。

例如这个慈氏越古金轮圣神皇帝，就相当浮夸了。慈氏就是弥勒佛，越古就是超越古今，金轮圣神就是金轮法王，慈氏越古金轮圣神皇帝就是"慈祥的统治四方的神人"。

应该是权力给了她勇气，和超越常人的自恋和自信。

这么任性爱改名的武则天，自然把三省也改了名，中书省改为凤阁、门下省改为鸾台。所以苏味道任职凤阁鸾台平章事，就是中书门下长官，也就是宰相。

哇塞，厉害啦！一人之下万人之上！（不然你以为"三苏"为什么怀念苏味道？毕竟是曾经名气最大的一位祖宗嘛！）

苏轼："哈哈，可惜自我之后，名气最大的就是我啦！"

苏味道三度拜相，一共做了九年。他在处理政务时，善于向皇上陈奏，且由于熟悉典章制度，他上朝言事可以不带奏章，只凭口头禀报，侃侃而谈。记忆力和总

第二章
118

结能力还有口才都非常惊人。

可这样的人才，最常说的话却是"你们说得都对"！

苏味道："你们说得都对！他们说得都对！大家说得都有道理，都对！"

强权当政，稍不留意，话就会被人曲解，打小报告。在这种必须高度集中注意力和极其小心的环境下，苏味道害病了，是一种精神病，叫"习惯性逃避"。

苏味道不敢得罪甲方，也不敢得罪乙方，甚至连丙方都不敢得罪。一遇到需要他处理的事，他就打台球，踢皮球。他常对人说："做官处理事情，不要那么一清二楚、明明白白地表示自己的意见。否则，一旦出现差错，必然后悔，而且还会留下遭受处分和被谴责的后患。凡事只要模棱两可就行了。"因此，人送外号"模棱宰相"。"模棱两可"这个成语，便是自苏味道得来。

"处事不欲决断明白，若有错误，必贻咎谴，但模棱以持两端可矣。"（《旧唐书·苏味道传》）

苏味道的习惯性逃避甚至体现在他的文学修养上。

文学修养还能圆滑？

没错。

苏味道的诗多是五律应制之作（虽然对唐代律诗发展有推动作用）。什么叫应制？就是由皇帝下诏命而作文赋诗的一种活动，主要功能在于娱帝王、颂升平、美风俗。

所以苏味道的诗浮艳雍容，几乎都是给皇帝说好话。例如下面这首《初春行宫侍宴应制（得天字）》：

温液吐涓涓，跳波急应弦。簪裾承睿赏，花柳发韶年。

圣酒千钟洽，宸章七曜悬。微臣从此醉，还似梦钧天。

就算是苏味道最出名的，非应制诗的《正月十五夜》，也被说是"丰肌靡骨，无复陈隋"。

火树银花合，星桥铁锁开。

暗尘随马去，明月逐人来。

游伎皆秾李，行歌尽落梅。

金吾不禁夜，玉漏莫相催。

成语"火树银花"，便是由这句"火树银花合"得来。

公元695年，苏味道和另外一位张姓同事一起下狱。

可想而知，两人该有多害怕！

张姓同事（张锡）："我可不怕！行得正坐得直！"

张姓同事入狱后，从容自如，吃吃喝喝睡睡，就跟在自己家里一样。而感到害怕的苏味道则席地而坐，很少进食，终日惴惴不安。

武则天通过监视器看见牢里的情况，便将张锡流放到岭南（咱们之前提过的偏远之地，就比砍头轻一等的罪），将苏味道降职为集州刺史，没过几年，重新召回苏味道，任命他做天官侍郎。

兴许武则天觉得，比起那些硬脖子铜豌豆，会怕她的人才更好掌控吧！

苏味道虽然能力了得，才华横溢，却因为一味阿谀，圆滑于君臣之间，屈从附和，因此担任宰相数年，却不能在朝廷政务上有所建树。

这样做，苏味道后悔吗？

他应该是不后悔的，毕竟模棱两可才是最重要的。

历史没有重复，哪怕是父子也可能拥有迥异的性格，更何况祖宗和后裔。苏味道的后裔苏轼，在官场上有一说一，直言进谏，历经仁宗、英宗、神宗、哲宗四朝天子，苏轼都上书直言朝政之弊，对四位皇帝都进行了尖锐的批评，不容于新党，也不容于旧党，落得人生逆旅，不系之舟。

隔着千年，苏家二人对话。耳畔响起了滂沱雨声，穿林打竹，但二人的声音却不受影响，异常清晰。

苏味道问苏轼："你后悔吗？"

竹杖芒鞋的苏轼一身是泥，含笑回答道："我和你一样，也不后悔。"

房玄龄

FANG XUAN LING

别说了，我有恐妻症

文 / 夜观天花板

"熟读唐诗三百首，不会吟诗也会吟。"

大家都领略过唐诗的美丽吧？

什么，你说你没领略过？好的，给我出去……

唐朝诗人辈出，仿佛苍穹群星，熠熠生辉。其中最耀眼的两颗星：诗仙李白，既能梦游天姥，还能"天子呼来不上船，自称臣是酒中仙。"诗圣杜甫，既能安得广厦，还会怀念李白"不见李生久"，商业吹捧李白"白也诗无敌"……

除此之外，还有诗佛王维、诗魔白居易、诗鬼李贺……

说起李贺，乍一听，大多数人想起的是《李凭箜篌引》，毕竟中学时代"背诵全文"这四字具有令人双膝一软的神奇魔力。

李贺还有首诗，叫《南园》：

男儿何不带吴钩，收取关山五十州。

请君暂上凌烟阁，若个书生万户侯？

男儿何不佩戴吴钩去收取关山五十州呢？

请君到凌烟阁上去看看那些功臣中封过万户侯的有哪一个是书生呢？

可以说是非常有气概了。

贞观十七年，李二凤（历史爱好者给李世民起的小名）为怀念当初一同打天下的诸多功臣，命令大画家阎立本在凌烟阁内 PS 了二十四位功臣的画像，是为《二十四功臣图》，1:1 真人比例，面北而立。

画有功臣图的阁子建成以后，李二凤经常前去怀旧，对着画像思念故人，然后每天在朋友圈发一章《凌烟阁往事》（又名《我在玄甲军中当老大的那些日子》）……

能上这凌烟阁的功臣，那都是相当厉害的，贞观年间二十四风云人物，各个都粉丝众多。上千年来，数以百万、千万记的后援团为他们打 CALL。

凌烟阁上有功勋的文臣，当属房玄龄和杜如晦。

这二位为什么要一起讲呢？

因为要是在现代的网络世界里，房玄龄和杜如晦就好比鸣人和佐助、张起灵和吴邪、美队和巴基……他俩是李世民智囊团成员，两个得力 COO（宰相），唐朝开国时，许多规章典法，都是他们两人商量制订的。房不离杜，杜不离房，就连玄武门之变，两人也是一起参与的。

李世民同房玄龄商讨国事，房玄龄总是能够提出精辟的意见和具体的办法，但就是做不了决定。这时候，李世民就会把杜如晦请来——因为杜如晦的专长就是做决断，这便是著名的"房谋杜断"。

通过上面的故事，我们不难看出，房玄龄，也就是今天这篇文章的男主角，他很有可能患有选择困难症（同时也有 78% 的可能是天秤座）。但我们今天不讲选择困难症，讲讲房玄龄另一大顽疾——恐妻症。

先来介绍一下（其实无须介绍）中国古代的婚配制度——丈夫只能娶一位妻子，但是可以纳许多许多妾。

那时候男子纳妾，习以为常。就算是平头老百姓，经济条件稍微好点的，丈夫也会纳个妾，妻子也没法说理。

但皇皇大唐，竟有一人是例外。

那人便是房玄龄。

咱们给他颁个奖：大唐最有男德奖！

这个时候，就有很多人好奇了：房玄龄莫非是柳下惠转世？传说春秋时期鲁国贤士柳下惠，遇妇人夜奔，主动投怀送抱却坐怀不乱。

这些好奇的人中，最八卦的当属唐太宗李世民。作为一国领导者，李世民公然利用手中职权带头八卦，试探"禁欲"的房玄龄。

李世民："房爱卿，你竭力辅佐朕，有功劳也有苦劳，朕要奖励你……"

房玄龄："谢陛下——"

李世民："……绝色美女！你随便从宫里挑，领回家去！"

房玄龄："不，陛下！臣拒绝！"

李世民："哈？"

房玄龄："臣真的十分感动，然而还是要拒绝陛下。"

李世民只觉心中一寒，爱卿该不会有龙阳之好？

房玄龄看出李世民在想什么，白了一眼，头摇得像拨浪鼓。

"那到底是为什么不接受美女嘛！"李世民感觉心里像有无数只蚂蚁爬着、挠着，八卦之魂熊熊地燃烧着。

房玄龄长出一口气，说出实情。原来，房玄龄的老婆卢氏，是一个河东狮，要求房玄龄一生只能娶她一人，对她一个人好，宠她爱她……

李世民："那你就答应她了？"

房玄龄点点头。

李世民："你这又是何苦呢？"

房玄龄："因为臣爱她。"

李世民摇了摇头，满心都是不解，他也很爱长孙皇后，可他还是忍不住再爱别人，三宫六院……

房玄龄猜到李世民在想什么，于是留给皇帝一个尴尬却不失礼貌的微笑，然后默默掏出手机去某知名问答论坛回答"一生只爱一人是一种什么样的体验"。

而李世民呢，则不甘心，背着房玄龄在某个晚上约了一个牌局，想继续打听下他的八卦。

"哎呀，陛下，小房也是无奈啊！"长孙无忌告诉李世民，"小房他老婆是个泼妇，如果发现老公有采摘野花的心思，她立即发威发到惊天地泣鬼神，你不知道那个吓人啊！"

"就是就是！"杜如晦附和道，"玄龄惧内的，耙耳朵！"

李世民："老杜你个陕西人，咋会四川方言单词了？"

杜如晦："……陛下，按照套路发展，这不是你该关注的点。"

李世民虽然关注错了重点，但半晌回神，还是决定伸出一双爱心手，将小房房拉出火坑。

第一招：长孙皇后游说法。

李世民派长孙皇后去开导卢氏，长孙同哥哥一样足智多谋，她来到相府，先不慌游说，而是先跟卢氏聊点别的，比如说香香坊的口红，乐悦坊又新捧了哪些小鲜肉，聊得亲近了，两人还经常约着一起逛西市，一起去长安坊的网红店拍照，有时候还一起八卦下杜如晦的夫人。

长孙皇后同卢氏成了闺蜜，关系铁到可以分享零食、口脂和爱豆（但不包括爱人），长孙皇后这才同卢氏讲："你看，你老公每天工作繁忙，帮着陛下料理国事，真挺累的。"

卢氏："是啊，我很心疼他。"

长孙皇后："要不……让你老公再纳个知冷知热的人儿回来伺候着？端茶倒水，替你分担，也算是为国为民，美差一件！"

卢氏盯着长孙皇后看了三秒钟，拉黑了皇后的一切联系方式。

长孙皇后：得，前头全白铺垫了！！

长孙皇后快快回宫，把败绩告诉李世民，李世民一听，很生气呐！命人将卢氏唤入宫中。

第二招：来硬不来软法。

李世民："美女是朕指给房玄龄的，你区区一介妇人，倘若再阻拦，那就是抗旨不遵，是要杀头的大罪。"

卢氏虽是跪着，但挺着胸、抬着头，道："妾不怕。妾宁死也不会同意夫君新娶。"

李世民心想："嘿，这卢氏还真同传言中一样，认准了一个死理软硬不吃！朕不给她来点厉害的，老虎不发威，她当朕是 Hello Kitty！"

李世民命人端出一壶酒，说是鸩酒，毒性等同于武侠片里的鹤顶红，宫斗剧里的一丈红。

李世民道："卢氏，倘若你再不让步，就喝下这壶鸩酒吧！"哼，倒要看看你卢氏能硬到几时。

卢氏上前一步，一仰头，一壶酒顷刻下肚。

大殿里鸦雀无声，大家惊得要么眼珠子快瞪出来，要么下巴仿佛脱节。

哪怕是死亡，也无法动摇她一生一世一双人的坚持。

卢氏喝完毒酒，觉得胃内翻腾，嘴里酸酸的。受了这么一通委屈，禁不住眼泪珠子"唰唰"掉下来。

"啪、啪！"听见有人在拍掌——是皇帝李世民。

李世民："卢氏，你回去吧。朕再也不会逼房玄龄纳妾了！""奉旨纳妾"再不存在。

卢氏很惊讶，自己怎么没死？还好好的？

李世民哈哈大笑，告诉卢氏，方才她喝下去的不过是一壶醋罢了！

这便是"吃醋"的由来。

PS：回家后，房玄龄知道这件事，不仅没有一丝一毫责备卢氏的意思，还手书了一幅"我老婆那么美，做什么都对"，命人做成匾额，挂在家中大堂，传为家训。

封建社会是男权社会，但在唐代，女子的地位还是比较高的。当权者阶级，有女皇帝武则天，有翻云覆雨的太平公主、韦氏等等。普通百姓阶级，女子也能着装大胆、不缠足，随意出街，结伴游玩，吟诗作画、读书，打马球，甚至做官（例如上官婉儿）。

莫高窟曾出土过一份唐朝的离婚协议书：

凡为夫妇之因，前世三生结缘，始配今生之夫妇。若结缘不合，比是冤家，故来相对。既以二心不同，难归一意，快会及诸亲，各还本道。愿娘子相离之后，重梳婵鬓，美扫蛾眉，巧呈窈窕之姿，选聘高官之主。解怨释结，更莫相憎。一别两宽，各生欢喜。

女子踏入婚姻，是因为爱情和缘分，如果"二心不同"就可以离婚，同现代社会一样开放。没有沉塘也没有烈女，离开了前任，还能"重梳婵鬓，美扫蛾眉，巧呈窈窕之姿"。离婚的女人就贬值了？不存在的。不爱的要和离，谁也拦不住。而深爱着的，例如卢氏，就是皇帝老子也压不住我，也不可以干涉我的婚姻。

其实房玄龄同卢氏这么恩爱，互相忠贞是有原因的，《太平广记》里记录了夫妻俩年轻时的一个故事（是的，谁还没有年轻过）。

这个故事比"吃醋"惨烈多了，大家先做好心理准备，再往下阅读。

有一次，房先生生病了，非常严重，ICU躺了几个月，被医院下病危通知书的那种。那时候卢氏还年轻，所以房玄龄就同卢氏说："老婆啊，如果我死了，你找个小鲜肉就嫁了吧！"

卢氏："我会难过的。"

房玄龄："别难过，我爱你，所以希望看到你幸福。"说完还自我感动哽咽了一下。

卢氏一听这话，突然就抓起旁边的剪刀，刺向自己的右眼，鲜血淋漓。

房玄龄被吓到，瞬间病情加重："老婆，你要控制你自己！你这是做什么？"

卢氏便告诉房玄龄，她这是自残剜目来表示终身不会嫁人。

因为你是我的眼，你去了，我便也瞎了。

房玄龄哭得稀里哗啦，这么好的老婆哪里找啊，所以才从来没有纳妾的心思。

后记：遗传病

龙生龙，凤生凤，老鼠的儿子会打洞。

房玄龄的恐妻症，已经被历史证明是家族遗传病。

他的儿子房遗爱，也怕老婆。

房遗爱的老婆是谁？那便是历史上大名鼎鼎的高阳公主。

等等，怎么记着众多影视剧里都演高阳公主同辩机和尚是真爱呢？

是的，你们的记忆没错。

房遗爱（摊手）：当然是选择原谅她。

事情是这样的，李世民是房玄龄恐妻症的当事人和目击者，常年见到他发病。

说实话，李世民自己是绝对不愿意患上这病的，但他觉得患有这种遗传病的房家男人都很忠贞——所以就指定房遗爱做驸马，把他最疼爱的高阳公主许配给他了。

父爱如山

高阳公主嫁过去的生活怎么样？

那是相当受宠爱。

房遗爱比父亲病得还重，不仅忠贞不贰，而且老婆说什么就是什么，让他往东他不敢往西。举个小例子吧，有一次高阳公主无意中提起房遗爱不该继承房玄龄的官爵，房遗爱一听，对对，老婆说得对，不能让老婆不开心。当天，房遗爱就上书辞官了。

但被偏爱的总是有恃无恐，先动情的那个总是会受伤，一边倒而毫无抗衡的婚姻没有乐趣，更不会长久（毕竟高阳同房遗爱没有感情基础，更没有剃目相泣的戏码）。

高阳公主是个真小公主，真小仙女，满满的都是少女心。人到中年，那也是中年少女，喜欢粉色，讲点养生，喜欢买买买，即使脱发了，也还是禁不住一颗喜欢小鲜肉的心。她遇到一位剃秃头也丝毫不影响满分颜值的和尚辩机，瞬间就抛下家庭，出轨了。

一直活在童话世界里的少女往往被呵护得太好，多是骄纵，多是任性，鲜少有责任感。

房遗爱就这样被动拥有了绿色套餐。

他知道这件事，却不敢说，只能打碎了牙和着血往里吞。难过的时候就去正堂看看家训，一遍又一遍地念："我老婆那么美，做什么都对。我老婆那么美，做什么都对。我老婆那么美，做什么都对……"

直到后来，高阳公主和辩机被大唐狗仔队拍到数段视频，证据坐实。"轰"的一声大唐网络都炸了，房遗爱才不得不发了声明，打算同高阳一起请公关团队，处理这次危机。

房遗爱一边写声明，一边心里默念："我老婆那么美，做什么都对。我老婆那么美，做什么都对。我老婆那么美，做什么都对……"

但李世民已经看到女儿的热门八卦了，早上晨读的李世民气得把手机都甩了。李世民是站在房遗爱这边的，但到底偏袒女儿，舍不得惩罚高阳，于是选择杀掉辩机，重罚高阳身边的婢女助理来替房遗爱做主。

后来，李世民死了，世上最后一个替房遗爱做主的人不在了。

高阳公主造反了。

那房遗爱呢？

他依旧是那个对老婆唯命是从的房遗爱，老婆造反，他也跟着造反，结果被唐高宗李治一锅端了，子孙也被治罪流放。

房家最终毁在了恐妻症上。

是恐妻症的错吗？

当然不是。

错在房遗爱理解错了"老婆那么美，做什么都对"这句家训。

房玄龄称赞卢氏的美，不仅仅在于颜值，更在于灵魂。

军师联盟

八卦周刊发售啦

文 / 顾闪闪

大爆料!

　　"非正常军师联盟"入围名单惨遭泄露,现场一片混乱,名单中未见名字的军师粉丝也纷纷强势围观。在一片吃瓜和争论声中,竟接连爆出了不少鲜为人知的圈内绝密八卦,粉丝连夜辟谣,正主亲自下场,军师联盟要变天了……

#同门师兄弟公然开撕，
背后真相虐心又虐身

作为战国晚期第一强国的继承人，秦国首脑嬴先生近年来接手亿万家产后，不断收购其他六国的股份，更有传闻称，他有着鲸吞天下的野心。可就在所有人以为他正专心搞事业的时候，秦国内部却爆出惊天大瓜。

据相关人士透露，嬴先生痴迷于一位名叫韩非的年轻法学生，时常感叹："嗟乎，寡人得见此人与之游，死不恨矣！"俨然一副极端私生粉的架势。后期他更是利用强权，逼迫韩王将韩非打包送到秦国。可心愿得偿的嬴先生非但不珍惜，反而独占欲发作，逼问韩非如果他和韩王同时掉进水里，韩非会先救谁？

韩非答不出来，嬴先生一怒之下，竟下令将他囚禁起来。

然而就在嬴先生幡然悔悟，想和韩非重修旧好的时候，却惊闻韩非已被别有用心人士抢先一步毒死。据狱卒交代，下此毒手的，竟然就是韩非的同门师兄李斯！

据悉，昔年韩非和李斯曾一同在荀子门下求学，两人的成绩都十分优秀，但相较之下，还是韩非略胜一筹。后来李斯来到秦国，先是担任秦相吕不韦的秘书，后来又负责秦国的人事工作，深受嬴先生赏识，负责六国收购的统筹工作。

韩非来秦后，李斯感觉到了巨大的威胁。他深知嬴先生的爱不会消失，但会转移，便在秦王之爱转移到99%的节骨眼儿上，紧急切断了电源，保住了自己未来的丞相之位。

为了求证这一说法，我们联系到了李斯本人，李斯无奈地澄清："背着嬴先生杀他偶像，还是招摇地毒杀？我不要命了吗？如果真的是我干的，我当初又为什么要将韩非引荐给他呢，这不是给自己找别扭吗？再说了，以嬴先生的脾气，我要是真做了这么无法无天的事，他会放过我，还继续任用我做丞相？我是李斯，不是李师师，哪有那么大的魅力？"

在我们的再三追问下，李斯向我们还原了事件真相。

"其实也没什么狗血纠葛，就是嬴先生能得到韩非的人，却得不到他的心，更怕他反过来捅自己一刀，累了，不想再爱了，要爬墙退坑。但他不想承担脱坑回踩的恶名，就想把黑锅扣到我头上。咱们这年代不是流行师兄弟互杀吗？比如庞×和孙×那一对，嬴先生便安排了这么一出，骗骗天下人罢了。一句话，惨还是我们打工的惨。"

#汉丞相被爆不伦恋，当事人紧急辟谣#

为了角逐"最佳军师"提名，能人们使劲了浑身解数，甚至不惜抹黑拉踩竞争对手。近日，汉将周勃、灌婴与军中新贵陈平不睦，一气之下，竟联手向汉王刘邦揭露了陈平的一段不伦恋，引发轩然大波。

据二人爆料，陈平虽外貌条件极其优越，面如冠玉，魅力指数十颗星，但却是金玉其外，败絮其中，在老家时，就曾与自己的嫂子有过一段绯闻。在为汉效力前，他屡次跳槽，担任汉军护军后，又收受贿赂，徇私枉法，实在是人品烂到家了！

我们就此事采访了汉王刘邦，刘邦表示，他本人高度重视此事，消息一出，就立即问询了当时负责招聘陈平的 HR 魏无知，并向我们提供了魏无知的音频。

魏无知："汉王啊，大家都是搞政治的，不要这么纯情这么天真好吗？咱们眼下的当务之急，是打败项王，夺取天下，我替您招聘的是军师，不是小白花男主。再说了，不就是叔嫂恋和跳槽嘛，有什么大不了的？能说叔嫂恋就没有爱情吗？您看问题不能太迂腐了，陈平人品烂不耽误他脑子好呀！再说了，您扪心自问，您自己的感情纠纷处理明白了吗？"

刘邦豁然开朗："中！"

魏无知权当私下交流，哪知音频一经泄露，陈平粉丝都炸了锅了，哀嚎遍野，逼得当事人陈平不得不亲自站出来辟谣。

陈平："你才人品烂！我和我媳妇感情好着呢，现在的人怎么张口就编，还编这么刺激的？秦末多乱啊，在座的各位哪个没有跳过几回槽，这事也能怪我吗？至于收受将领赠金这事我承认，但我来投汉的时候兜比脸都干净，不靠着将领们资助，我用什么替汉王办事？既然你们这么容不下我，我辞职不干了还不行吗？"

陈平的同乡也表示："陈平这个小伙子从小就非常优秀，志向高、学问高、颜值高，主持祭神的时候，就属他分肉分得最公平，由此可见，他是个责任心相当强的人，不会做出受贿徇私之事。至于勾搭嫂子，那就更是无稽之谈，咱们老家的人都知道，陈平他嫂子小肚鸡肠，最是看不上他，常常报怨有这个吃白饭的小叔还不如没有。"

刘邦这才知道，自己是误听谗言，错怪了陈平，赶紧道歉挽留，又给陈平涨工资，为他恢复名誉，陈平这才打消了辞职的念头。

＃大唐天子连收二百多条骚扰短信，幕后黑手竟然是……＃

"天天发，一发发好几条，不及时回复就骂人，朕好歹是个做皇帝的，半点面子都不给朕。大事小情什么都管，芝麻大点的事都能杠出一篇万字长文，时间长了谁受得了？朕问问你们，有这样的同事，你们受不受得了？"

面对镜头，家住长安的李先生向我们控诉了他这段时间以来的遭遇。

李先生口中的同事，姓魏名徵，毕业于瓦岗寨职业技术学院，原本效力于李先生的兄长李建成。经过残酷的家族内部斗争，李先生正式接手了家族企业，他十分欣赏魏徵，便把他调到总部，并对他委以重任，二人既是君臣也是朋友，关系十分和睦。

但人无完人，时间长了，他开始对魏徵的一桩"恶习"感到忍无可忍。

李先生告诉记者，登基以来，他一直秉持着"用人唯贤，广开言路"的治国理念，鼓励大家多提意见，而所有臣子之中，配合度最高的就是魏徵。"朕扪心自问，这个皇帝做得还算贤明，而且每日都要临朝听政，哪有那么多意见可以提？谏官们多半也就是意思一下，走个过场。可不知怎么的，魏徵对朕总是有说不完的意见，每每在大家快要下班的时候，他就举手表示：'陛下，臣还有十条建议想简单提一下'，搞得满朝文武看他和朕的眼神都有点复杂。"

李先生告诉我们，魏徵提起意见来，如长江之水滔滔不绝，和其他敬畏人主、曲意逢迎的臣子不同，他专喜欢和老板对着干，自己处事只要稍微有点急躁偏颇，他就拐弯抹角地骂自己"言而无信，是个昏君"，继而更加频繁地给自己发送警示短信。

加上魏徵这人性情耿直，无所畏惧，平时想到啥说啥，措辞十分犀利直接，气得李先生时常想对着他高歌一首《你还要我怎样》。

永安宫的宫人偷偷告诉记者，陛下平日里时常被魏徵气得要发疯，杀又舍不得，辩又辩不过，只能靠背地里给魏徵起外号出气，什么"羊鼻公""田舍翁""魏妩媚"，都是陛下最先叫出来的。

不过，在妻子长孙皇后的耐心调解下，李先生也理解魏徵的良苦用心："皇后说，主明臣直，只有胸怀宽广的明君才能培养出耿直的大臣。朕现在也想通了，魏徵要不是真心爱国，诚心辅佐朕，怎么能做到这样呢？朕准备好了，就让魏徵的唾沫星子来得更猛烈些吧！"

井 人设崩稀碎，太平宰相竟是武学宗师 井

近日，开封府破获了一起入室盗窃案。该盗贼还未来得及动手，便被主人家抓获，一棒打倒，扭送至开封府绳之以法。

令人惊叹的是，此贼还没撑到进门受审，就因伤重不治，当场身亡。

令人更加惊叹的是，棒打他的不是旁人，正是人称"太平宰相"的大词人晏殊。对此，晏殊回应："没注意，可能手劲大了点。"

面对我们的镜头，晏殊呼吁大家遵纪守法，老实做人，否则就像今天这样的小贼，他单手就能打十个。

在我们的印象中，晏殊早年以神童著称，七岁著文章，十四岁就以神童身份参加殿试，赐同进士出身，是个不折不扣的天才。成年以后，他更是平步青云，官至宰相，号称富贵闲人，一生安享太平，作词万余首，清丽婉约，写尽北宋清平气象。

如果给他画一张侧写，画布上多半是个缓带轻裘，眉眼含情，一吹就倒的帝王师形象。

然而事实上，晏殊为人相当彪悍，以"刚峻简率"著称，威震四方。

据记者了解，晏殊动手打人已经不是头一回了。据刘太后的线人调查，他过去就曾一怒之下，在玉清昭应宫当众卸下侍从的一颗门牙，而作案工具，就是手中的一枚笏板。我们知道，上朝用的笏板一般是用白玉或象牙制成的，都是比较温润的材质，可到了晏殊手中，居然化身杀伤性武器，可见晏相是有点功夫在身上的。此后他也因为这件事，被贬宣州，数月之后，又改为知应天府。值得一提的是，在应天府，他培养提拔了许多人才，这其中就包括日后将西夏治得卑服的范仲淹。

希望晏殊从此以后，能够收了一身武艺，专心创作，好好写词，练兵打仗什么的，交给老范就好了。

第二章
136

FEI ZHENG CHANG

井 挂一个ID叫蔡京的墙头草站哥，
大家擦亮双眼 井

近期本刊收到多位读者的投稿，内容出奇的一致，都是托我们提醒各家粉丝，注意避雷一个名叫蔡京的站哥，不要上当受骗。

或许大宋变法圈的朋友们多多少少都听说过这个人的恶名。据说此人曾在各个圈子反复弹跳，多次回踩，毫无原则，多年来依靠站队排除异己，为自己谋取私利，堪称劣迹斑斑，是圈内著名的"墙头草"。

读者@缸都不砸就砸蔡京 来信说："这事我们王安石粉丝最有发言权！蔡京这个糟老头子坏得很，他和其他五个圈内毒瘤被并称为'六贼'，长年高居"江湖暗杀名单榜首"，民间更是有句口号，叫作'打破桶，泼了菜，便是人间好世界'，可见蔡京名声之烂，已经到了人人喊打的地步。但他年轻的时候可不是这么个形象，二十四岁高中进士，后来又到辽国去做外交官，能写会画，书法一绝，艺术品位又高，简直是圈内楷模。可渐渐地，他的本性就暴露出来了。

老粉都知道，想当年蔡京对我们王荆公有多狗腿，他仗着弟弟蔡卞是荆公女婿，拼了命往变法圈挤。可一转眼神宗驾崩，司马光掌权，他就立马翻脸不认人，加入到了对家阵营里，回踩得比谁都起劲，抢着毁害新法，变脸比变天还快。当时我们都惊了，不敢相信世上竟有如此厚颜无耻之人！"

读者@蔡京歹人你的良心在哪里 同样在信中写道："呜呜呜我们保守派可太惨了！蔡京他退坑就退坑，偏偏还无缝跳到对家，捧对家臭脚也就算了，他还恶人先告状，抢先一步挂人！他将列表里的包括司马温公在内的元祐党人都提出来，刻在一块大石碑上，立于文德殿门东壁当众处刑，并且取消保守派子女京城户口，不准他们做官，也不让他们和皇族通婚，下手之狠，堪称斩尽杀绝。须知这些人虽与新党政见不合，但都是国之栋梁，大家政坛上互相竞争也就算了，他搞这种下作的阴谋手段，实在是为人所不齿！真想不通徽宗皇帝为什么还那么看重他？"

读者 **@ 赵佶哥哥的小白鹤** 则极力为徽宗争辩："我们赵佶哥哥只是被蔡京蒙蔽了！你看我们真粉丝有哪个不恨蔡京的？想当初，赵佶哥哥刚刚继位之时，他是多么英明克己，连用个玉琖玉卮都要担心自己是不是过于奢靡了，不想却遇到了惯会投机的蔡京，用"丰亨豫大"之说哄骗他，诱惑他：'陛下当享天下之奉，区区玉器，何足道哉？'哥哥那么年轻天真，哪里是他这老贼的对手？蔡京和童贯祸乱朝政不说，又开始大搞奢靡的'花石纲'集资活动，嘴上说是为了给哥哥建后花园，实际上好处都流进了他蔡京的口袋里，搜刮的都是我们小粉丝的血汗钱。所以千万别再说我们和蔡京是一个圈的了，丢不起那人，以后骂蔡京我第一个上！"

据传，近日金军南下，蔡京为了躲避战乱，举家南迁，目前已行至潭州。潭州百姓听闻这一消息，纷纷喊出"惩奸除恶，抵制蔡京"的口号，呼吁商户不向蔡京一家售卖饮食及生活必需品。欲知蔡京下场如何，敬请关注本刊后续报道。

法系军师

闭嘴，安静，别多话

与君共谋之·黄袍加身

文／明戈

任务背景

后周显德六年，世宗柴荣病死，继位的恭帝只有七岁，政局动荡不堪。960 年正月初一，朝廷收到前线情报，契丹联合北汉即将南下攻周。十万火急下，当朝宰相立刻派遣大将赵匡胤统军御敌。而赵匡胤和幕僚赵普等人打算借此时机，发动兵变。

任务要求

协助赵普，顺利策划并完成陈桥兵变，令赵匡胤推翻后周，建立宋朝。

①

这次的任务让你有些紧张。

毕竟你的目标人物辅佐的是赵匡胤。你一个不留神，宋朝可就没了。

兵变本来就难，这种夺他人天下的"不道德"兵变更是难上加难，需要周密的计划和完美的理由。

也不知道赵普策划得怎么样了……

你来到后周显德六年，蹲在赵普回家的必经之路上，焦急地等着他下朝。不多时，你便看见一个身型颀长的男子，正快步向这边走来。

男子肤色白皙，神色冷峻，脸庞棱角分明，在人群中格外显眼。嘶……好一个冷面帅哥。

你活动了一下蹲麻的脚，向他迎面走去，擦肩而过时轻声说了一句：

A

"点检作天子。"

【跳转4】

B

"有要事相商。"

【跳转7】

"造势该是最后一步。"赵普修长的手指轻轻抵在下巴上，"我们首先要做的是同众将领分析局势，说服他们同意拥护赵匡胤。"

"我赞成。"你点了点头。

【跳转8】

"其实……我是来自未来的人，并不属于你们这个世界。"你闷声说着，并且展示了【时空穿梭】的技能卡。

"我只是为了帮你辅佐赵匡胤上位才来的。"

说完，你不敢抬头看赵普是什么表情，直到你听到对面酒杯放在桌子上的声音。

"难怪姑娘那时讲述的故事如此古怪。无妨。"他安慰似地对你笑笑，可这笑容出现在他向来冷峻的脸上，尤为刺眼。

"感谢姑娘一直以来的鼎力相助，赵普没齿难忘。"

你们再见面已经是陈桥兵变当天。

由于你们的前期准备相当完善，赵匡胤顺利黄袍加身，并被簇拥着登基称帝。

兵变成功后，你不知该对赵普说什么，只能尴尬道："恭喜。"

"要离开这里了吗？"赵普又恢复了他冷面军师的原貌。

的确，你的胡言乱语属实有些过分，他生气也在所难免。

你点点头。

"那一路顺风。"赵普淡淡说道。

直到你启动道具卡，转过身即将离开，他才忽然又叫住你："姑娘，你们未来……应该还有桃花吧？"

他这没头没脑的一句让你有些没反应过来，你愣了下答道："有，有啊。"

说完后，赵普迈步向你走来。这时你才注意到，他的手中从方才起就一直紧紧攥着什么。

"诺，这个给你。"

他塞给你一张皱巴巴的纸。

还未来得及问他，你便陷入了一阵熟悉的光晕。等再睁开眼，你就已经回到了现代。

拿起那张还有赵普手心温度的纸，上面的字规整无比，一丝不苟。

——是桃花羹的秘方。

任务完成
达成结局
【各自天涯】

你明显感觉到身边的人身形忽然一怔。

"此处不便说话，跟我走。"你怕街道上人多眼杂，抓起赵普的胳膊便向一旁的隐蔽小巷走。

到了小巷深处，你松开手转身看向赵普，没想到他面上竟划过一丝不易察觉的红。

冷男害羞，有点可爱。

只见赵普微微后退一步，拉开了些距离："敢问姑娘是何人，怎知这句话。"

你豪迈一摆手："我怎么知道不重要，重要的是你要相信我，我是来帮你辅佐你家赵匡胤上位的。"

你此言一出，赵普瞬时环顾了下四周，而后皱紧眉头，冷目扫向你："姑娘在胡说什么，在下听不懂。"

也对，上来就说夺权篡位，难免被怀疑是圈套。

"呃……事情是这样的。"你开始顺嘴胡编，"我爹能掐会算，我出生时他曾做过一个梦，梦见天空正午时分忽然变成了黑色，随后有一道金光从赵府喷薄而出。他走过去细瞧，只见一圆脸细长眼的男子正浑身散发出光芒，宛如太阳。而旁边有一对男女，女子是我，男子姓赵单名一个普，正在簇拥着那发出光芒的男子。

"我爹当时就知道，这天下以后要易主，而我要同旁边这位男子，一起帮那人上位。"

"圆脸，细长眼睛……的确是殿前都点检的长相。"赵普凝神看着你，似乎在等你说出更有力的证据。

"我爹还算出来，那写着'点检作'的是个木牌，木牌长三尺。没错吧？"

赵普神色忽然一变。因为知道此事的除了他们几个，其余唯有皇上一人。

你看着这位不停变换表情的冷面军师，忽然想逗逗他。

你清了清嗓，继续故作神秘道："我来之前我爹可说了，那姓赵名普的男子以后会是我夫君。你想想，以后我们都是两口子了，我怎么可能胳膊肘往外拐，给你下套？"

第三章

143

果不其然，他又脸红了。

赵普视线急急从你脸上挪开，低头思考片刻后，终于开口："所以……姑娘有何意见？"

你的意见是……

A

造势，令众人
传言天下易主

【跳转5】

B

打点众将，
收买人心

【跳转8】

5

"既然柴荣信了'点检作天子'，已经解除了都点检张永德的兵权，将赵匡胤调上来。那我们不如用这句话再在民间造势。"你胸有成竹道。

赵普却摇了摇头："我觉得现在造势为时尚早。"

你可是穿越回来的，当然知道历史是怎么发展的。可赵普作为一介谋士，兴许他的话也不无道理。

于是你决定……

A

听从赵普

【跳转2】

B

自己偷偷造势

【跳转9】

"你那厨艺能行吗……"你心虚到不敢看他，几乎要把头埋进了碗里。

"自是可以。而且我也从不认为只有女子才该下厨房。"

听了这话你有些惊讶地抬起头，毕竟古代有这觉悟的人可不多。

"我并不认为女子比男子差。"他看着你的眼睛正色道。似乎在回应数月前那个小巷里你的话。

你忽然觉得方才的酸楚化成了一股暖流，正在向你心头上涌。

"扑通，扑通。"

你仿佛能听到自己的心跳声。

聪明人自是惹人喜爱。可你才知道当聪明人真诚起来，甚至是真诚得有些笨拙的时候，会更加打动人。

可你的身份……

这个情况太过棘手，令你不知道要如何处理。

于是一连几日，你都躲着没见赵普。就连兵变当天，你也只是在暗中默默保驾护航，面都没敢露。

幸而兵变顺利结束，你也完成了任务。

可惜，东躲西藏的你忘了赵普的本职是什么，真要找你简直易如反掌。

"为什么躲我。"赵普严肃地走到你面前。

"我……"

好吧，就算他会害羞，本质也是不好惹的冷面军师。

他的气场压得你节节后退，直到你整个后背贴到墙上。

"我错了。"你憋了半天，只憋出个怂兮兮的道歉。

"我还记得你说过的话，现在兵变结束，父母之命，媒妁之言，你可是在反悔？"赵普垂下头，直直看着你。

你仰头回望向他的眼睛，惊讶地发现，原来那墨一般的眸子里竟全无怒气，唯有悲伤。

所以你决定……

发动
【忘忆】

【跳转11】

留下来

【跳转10】

你说完这句话后，赵普竟没有丝毫反应。

你站在人流中，看着越走越远的赵普，不由叹气。

也许换一句开场白才会引起他的注意。

【跳转1】

"不仅要收买人心，还得同他们约定，万不可走漏风声。另外，还要处理好接应工作。"

你掏出纸笔，蹲在地上认真勾勾画画。

"一旦兵变失败，你与赵匡胤都要有可撤退的后路。"

你正认真地分析计划，突然反应过来赵普许久未讲话。你抬起头来，却正对上他满是深意的眼神。

"姑娘如此冷静果敢，真不像个弱女子。"

你听后站起身来一叉腰："听你的意思，是瞧不起女子喽？"

赵普显然没料到你这么说，连忙解释："不是，我不是这个意思。"

你看着他有些急的样子，心里不由得大笑起来。这个赵普长得又冷又凶，没想到是个憨直男。

你故作大度地一摆手："罢了，不与你计较。不过这些将领情况各有差别，对付起来怕是得'因材施教'。没工夫耽误时间了，我们赶紧行动吧。"

赵普本来还想说些什么，听后又忍了回去，点了点头："好。"

一晃眼到了年底，你们打点的已经差不多了。

你和赵普在酒楼的雅间商量后续事宜。

"我已放出假情报，谎称契丹和北汉联兵南下。过几日宰相定会派赵太尉统军出征，届时便是兵变的最佳时机。"赵普饮了一口酒。

"可放出风声给城中百姓？"你不顾形象地大口吃着桃花羹。

"还未来得及办。我手边有些事没处理完，流言一事就交给姑娘了。"

"没问题。"你又拿起一碗，"这次依旧用'点检作天子'？"

"我也正有此意。"赵普看着视线完全聚焦在桃花羹的你，犹豫半晌后说，"姑娘若这么喜爱这羹，不如我去向老板把方子讨来。"

你边吃边含糊不清道："讨方子干嘛？"

"流言四起后，京城必定大乱，万一这店关门，姑娘便吃不到了。我想试试自己能否还原出这个味道来。"赵普神色认真，仿佛在说一件很正经的事情。

你忽然想起自己开的那个玩笑。

——"那姓赵名普的男子以后可是我夫君。"

你心头猛地涌起了一丝异样的酸楚。

他并不知道这仅仅是你为了博他信任的随口之言，更不知道兵变成功后，你就要从这个时代消失。

于是你决定……

A 告诉他自己的真实身份

【跳转3】

B 不告诉，转移话题

【跳转6】

9

"等着瞧吧。势头一起，赵匡胤自然能顺理成章黄袍加身。你们还能免了'谋逆'的污名。"你在心里默默道。

可你没想到的是，流言四起后，百姓纷纷离京，将士们也没有要支持赵匡胤的意思。

原本赵匡胤应该在率军北上的途中发动兵变，可是当下宰相根本没有任命赵匡胤北上。

糟了，你好像惹了个大麻烦。

任务失败

【跳转5】

10

罢了，就任性一次吧。

若是被发现，就再找法子应对。

"自然是没后悔。"你用指尖戳了戳他的胸口，让他往后站站。

"军师离我这么近，是怕我跑了？"你突然歪头坏笑起来。

许是你的笑容太过明媚灿烂，赵普微微别过目光，耳尖又在发红。

"那桃花羹可学会了？"你问道。

赵普微微点头。

"不愧是想得出'杯酒释兵权'的军师，学东西真快。"

"什么兵权？"

你忽然惊觉自己剧透了历史。

"没什么……"

"快说。"

"真没什么……我跑！"

"小心！那边是坑！"

【系统提示】：由于特派员在古代受伤，无法确认生命状态，疑似死亡，不予召回。

达成结局
【相守一生】

终于，你狠了狠心，发动了【忘忆】。

你不过是个来自未来的旅人，你们注定不会有结果。

随着一道光芒闪过，赵普看向你的眼神已经全然陌生。

"这是……"

他后退几步，低下头，茫然地看着自己左手上拎着的木盒。

缓缓打开后，里面是一碗桃花羹。

应该是刚做好的。

还热气腾腾。

苏秦
SU QIN

行走江湖，全靠一张嘴

文 / 夜观天花板

苏秦是农民出身，家里在雒阳种地，也就是现在的河南洛阳市。爱成语的同学们，其实家里要供奉一下苏秦，因为他给我们贡献了不少成语，例如"头悬梁，锥刺股"里的刺股，便是苏秦所为。

那时候，苏秦已经不是孩子了，正儿八经的书已经读完了，专业是政治学，方向主攻纵横术。

什么叫纵横术呢？纵横术又称"合纵连横"，主要工作方法是以辩才陈述利害、游说君主，相当于战国至秦汉之际的脱口秀，谁说得好、人气高，谁就被君王信服，不仅有饭吃，而且还能一步登天。

苏秦的人生路比较坎坷，毕业后一直找不到工作——更准确地说，是找了数份工作，但都通不过试用期。

他便开始外出游历，类似于现在的gap year，可惜家底薄，自己还缺乏打工能力，以至于穷困潦倒，狼狈归乡。

没钱的男人，不仅自己自尊心受挫，邻里街坊也瞧不起他，特别是上了年纪的大妈们，每每跳完广场舞回来，经过苏秦家门口，都要嘲笑一下："啧啧，你看那谁谁的儿子，还是名牌鬼谷子大学毕业的呢，这么多年都没找到过一份像样的工作！"

苏秦他妈一听就难受了，毕竟也是每天一起打鼓跳广场舞的老姐妹们，被这样嘲笑，以后还怎么抬得起头！所以苏秦妈咪也开始在家里数落儿子，每日照常三问："找到工作了吗？有想过以后怎么办吗？能娶上媳妇吗？"抱孙子没问，因为苏妈不敢有那个指望。

苏秦被嘲笑了，也难受啊，他就干脆把房门关起来，耳不听心不烦，一日三餐都靠外卖点餐来解决。苏秦把所有社交 ID 的个人签名都改成"从师受教，埋头攻读，却不能换来荣华富贵，读再多书又有什么用呢！"以此激励自己，更加刻苦读书。

给苏秦妈吓得，儿子这是要考研啊！

苏秦和今天的我们一样，有起床困难症，铁打的身体，磁铁打的床，每天都起不来。奇了怪了，一粘上床，立刻上下眼皮打架想睡，甚至有时候不沾床，坐着都犯困（可以说是非常不熬夜非常养生了）。为了不让自己睡觉，苏秦想出个法子：一困，就用锥子刺自己的大腿，刺到鲜血淋漓，就不困了，睁圆了眼睛继续读书。

PS：危险动作，各位读者切莫模仿。伤身甚至会有性命危险，且不能瘦腿。

苏秦就这么读了一年，虽然没去考研，但自考（自己给自己出了张测试卷）合格了，他觉得可以凭此游说君王了！

苏秦是洛阳人，所以首选家乡就业——这样可以免去房租，生活成本最低。他求见周显王，但显王身边的大臣都跟显王说他坏话："要不得，苏秦这个人要不得。他这个人啊，网上被扒皮了，尽是黑料！"

因此显王对苏秦摆手说了拒绝。

周天子脚下找不到工作，苏秦只好背井离乡，上其他一线大城市去。他到了秦国咸阳，游说秦惠王。可惜，他来得不是时候。

本来，秦国的 Top1 是秦孝公，这是位特别爱改革，爱吸纳各国说客的主，最著名的商鞅变法，就是在他手底下施行的。可惜孝公故去，惠王继位，一朝天子一朝臣，惠王特别讨厌说客，尤其是别国说客，统统判定为间谍。之前的红人商鞅都落得个五马分尸的下场，惠王又怎么会听得进去苏秦一句呢？

面试再次没过，找不到工作的苏秦悻悻离开秦国，一直东进，到达赵国。

都说事不过三，一次两次失败，第三次总该成功了吧？

不！现实是残酷的，还特别喜欢让苏秦这样的年轻人体会到残酷。

当时，赵肃侯的弟弟赵成担任国相，而赵成不喜欢苏秦。

苏秦："我怎么就这么没有同性缘！"

只好北上了，苏秦出了山海关，来到燕国。

仍是等待了一年多，才见到燕文侯。

燕文侯："咋的，有意见啊？信不信我分分钟削你啊！"

苏秦："不敢不敢，大王您听我讲！"然后苏秦一顿脱口秀，先指出燕国的战略错误——担忧千里之外的秦国，却不担心百里之内的赵国？后建议燕国合纵赵国，结为一体。

燕文侯认为苏秦说得很有道理，竟无法反驳，于是给苏秦先开了一张空头支票——如果合纵之计能成功，愿举国相报。也就是如果成了，让苏秦当丞相。

燕文侯还资助苏秦一张能无限透支的信用卡和一辆豪车，命他前去游说赵国。

苏秦来到赵国，先自我感叹了一番。说"我会回来的"可不是背台词，这回真的回来了。

还好，不喜欢苏秦的赵成已经死了——由此可见养生的重要性。

苏秦赶紧拿保温杯泡了一杯枸杞水，然后来到赵肃侯面前，游说他联合六国，集体抗秦。

这时候，千里之外的秦王打了个喷嚏，皱了下眉头："怎么总觉得有谁同寡人有什么仇什么怨。"

苏秦给赵肃侯分析了下形势如此危急，得出必须联合抗秦，组成六国"正义联盟"，才能叫秦国不敢出兵函谷关的结论。

有理有据有口才，赵肃侯决定听苏秦的。他也送了苏秦豪车巨款，资助他去游说各诸侯国，连锁加盟。

找工作不如说脱口秀

接下来，苏秦开始了他的人生顺旅。

许是之前太不顺了，老天爷看不过去就给他改了人生模式，由 HARD 调成 EASY，一键升至 999 级，苏秦接下来一路游说闯关，俨然是人民币玩家，毫无难度。

苏秦首先来到韩国，游说韩宣王。

他先分析了韩国的优势：地理位置优越，易守难攻；军队几十万，且善于冶炼兵器。接着，又分析韩国的劣势：目前侍奉秦国，割地求和，秦国的欲望无穷无尽，总有一天会变本加厉，等到那一天韩国也就离灭亡不远了。毕竟千年后可有位姓赵的说过，自家枕边怎容他人酣睡！

韩宣王一听，有道理啊，寡人的国家这么强，干吗要认怂嘛！于是韩国愿意举国听从苏秦安排。

接着，苏秦来到魏国，游说魏襄王。

老套路，苏秦照例先分析魏国的优势和劣势：魏国地方小，人口密集，人多就是力量，打起仗来十个打一个，大概率能赢。可如今却侍奉秦国，纳贡称臣，一旦秦国伐魏，没人愿意救魏国的！

苏秦给魏襄王举了越王勾践和武王伐纣的例子，令魏襄王增强了以少胜多的信心。他还援引《周书》，劝诫魏王事前不考虑成熟，今后必有大患。

魏王听完立马在合纵合同上签字，愿举国相从。

第三关，苏秦闯齐，游说齐宣王。

齐宣王也是成语贡献者。我们小时候都听过滥竽充数的故事。齐宣王爱听吹竽，喜欢搞大合奏。南郭先生不会吹竽，但混进竽乐队里装模作样，一直都没被拆穿，领了十几年高薪。直到齐宣王去世，继位的齐愍王喜欢单独演奏，南郭先生混不下去了，这才逃亡别国。

苏秦见到齐宣王，没吹竽，也不会吹。他给齐宣王吹合纵，老三套，分析齐国的优势——四面天险，兵精粮足，人口众多，而且还不跟秦国相接。

没缺点，干吗还要畏惧遥远的秦国？

齐宣王心想："有道理啊！这苏秦话说的比吹竽还好听！是我以前太笨了，以后都要听从苏秦的教诲！"

最后一关，也是最远的一国——楚国。苏秦来到楚国，游说楚威王。

其实听了这么多，套路大家都熟了，说来说去优势也就那几点：楚国地方五千余里，军队百万之众，战车千辆，战马万匹，还有十年存粮。

这么厉害的国家，还不同其他国家联合起来，对付有虎狼之心的秦国？

楚国本来就有同秦国作对的意思，苏秦这么一说，正合心意，于是也签订合约，举国服从。

一番嘴炮之后，六国结成团结一致的抗秦者联盟（合纵联盟）。苏秦被任命为从约长（合纵联盟的联盟长），并且担任了六国的国相，同时佩戴六国相印。一瞬间成为当时万千少女的偶像，女孩们都想嫁给苏秦。

苏秦当年刺股的血肉淋漓，终于得到了回报。

说秦王书十上，而说不行。黑貂之裘敝，黄金百斤尽。资用乏绝，去秦而归。

负书担囊，形容枯槁，面目犁黑，状有愧色。归至家，妻不下纴，嫂不为炊，父母不与言。乃夜发书，陈箧数十，得太公《阴符》之谋，伏而诵之，简练以为揣摩。读书欲睡，引锥自刺其股，血流至足，曰："安有说人主不能出其金玉锦绣，取卿相之尊者乎？"期年，揣摩成，乃见说赵王于华屋之下。抵掌而谈，赵王大说，封为武安君，受相印，革车百乘，锦绣千纯，白璧百双，黄金万镒，以随其后。约从散横，以抑强秦，故苏秦相于赵而关不通。当此之时，天下之大，万民之众，王侯之威，谋臣之权，皆欲决于苏秦之策。不费斗粮，未烦一兵，未战一士，未绝一弦，未折一矢，诸侯相亲贤于兄弟。夫贤人任而天下服，一人用而天下从。故曰式于政，不式于勇，式于廊庙之内，不式于四境之外。当（苏）秦之隆，黄金万镒为用，转毂连骑，炫煌于道，山东之国，从风而服，使赵大重。（《战国策》）

昨天你对我爱搭不理，今天我让你高攀不起

除了"锥刺股"，关于苏秦还有另外一个典故。

据说，苏秦合纵成功后，自楚北上向赵王复命。他途经洛阳时，随行的诸侯使者、豪车车队加上奢侈品行李，比帝王还气派。当年拒绝苏秦的周显王感到非常害怕，为苏秦清扫道路并派人到郊外迎接。

苏秦老家也在洛阳，家里人都匍匐在地上不敢抬头看他一眼，尤其是苏秦的嫂嫂。之前苏秦没发迹，嫂嫂对待他是相当无礼。

于是苏秦问道："嫂嫂为什么前倨后恭？"

这便是成语"前倨后恭"的来源。

苏秦感慨万千："同样的一个人，富贵了，亲戚就敬畏。之前一穷二白贫贱时，亲戚们都是爱理不理呢！由此类推，假如我当初在洛阳有二顷良田，没被人鄙视，那就会安于现状。后来怎么会发愤图强，现在又怎能佩戴六国相印呢！"

所以，莫欺少年穷啊！

于是散了千金送给亲戚朋友们。

其中，在苏秦去燕国找工作那会儿，曾经向人借过一百块钱做路费——当时还

真有一个人愿意借他。苏秦知恩图报，如今富贵，给那人还了百金。

苏秦还发了很多红包给他的初创团队，但有一个随从没有得到报偿。他非常不甘心，忍不住上前询问苏秦。苏秦说："我怎么会忘了你呢，只不过当初你随我去燕国，在易水边你三番五次打算放弃期权，离职跳槽。那时候我苏氏团队正处于最困难的时期，这些我都记着呢，现在也要挨到最后才发你分红。"毕竟有怨报怨，有恩报恩，恩怨都要分明。

北报赵王，乃行过雒阳，车骑辎重，诸侯各发使送之甚众，疑于王者。周显王闻之恐惧，除道，使人郊劳。苏秦之昆弟妻嫂侧目不敢仰视，俯伏侍取食。苏秦笑谓其嫂曰："何前倨而后恭也？"嫂委蛇蒲服，以面掩地而谢曰："见季子位高金多也。"苏秦喟然叹曰："此一人之身，富贵则亲戚畏惧之，贫贱则轻易之，况众人乎！且使我有雒阳负郭田二顷，吾岂能佩六国相印乎！"于是散千金以赐宗族朋友。

初，苏秦之燕，贷人百钱为资，乃得富贵，以百金偿之。遍报诸所尝见德者。其从者有一人独未得报，乃前自言。苏秦曰："我非忘子。子之与我至燕，再三欲去我易水之上，方是时，我困，故望子深，是以后子。子今亦得矣。"（《史记·卷六十九·苏秦列传第九》）

苏秦以一己之力促成六国合纵，使强秦不敢出函谷关十五年！而且他又配六国相印，叱咤风云。可以说是相当厉害了！

所以直到现在，还有非常多的人敬仰他的成就。在早些年，侠客们还存在的年代，武林中甚至命名了一招"苏秦背剑"的武术定式。古人背剑，皆是剑柄在上，剑尖朝下。苏秦背剑却是剑柄在下，剑尖朝上，斜跨于背。以器械置于背部格挡对手从背后的袭击，颇有苏秦纵横捭阖之意。这一招我们能在许多历史小说、评书和演义中读到。

轰轰烈烈开头，悲悲惨惨结局

琉璃易碎彩云散，越是辉煌就越是容易陨落跌坠，苏秦也不例外。

苏秦合纵时，秦国曾有十五年不敢出兵函谷关，不敢出来侵犯别国领土。

苏秦既约六国从亲，归赵，赵肃侯封为武安君，乃投从约书于秦。秦兵不敢窥函谷关十五年。（《史记·卷六十九·苏秦列传第九》）

这其中也有个典故，说是苏秦在赵国时，秦王曾经攻打魏国，还取得了胜利，甚至有继续挥师东进的念头。苏秦担心秦国的部队打到赵国，盟约还没结缔就遭到破坏，于是决定智激同学张仪入秦，维护联盟。

张仪当时一丁点也不知情，不知道被同学坑了卖了，只是每天都不停地打喷嚏。

苏秦的激将之法是，先在微信上让张仪来投奔自己。张仪信了，来到赵国，苏秦却对张仪不理不睬，不仅动车票和连锁快捷酒店的住宿钱不给张仪报销，而且还当面羞辱他。

张仪又气又羞，一怒之下，奔秦！哼，既然跟你苏秦势不两立，那敌人的敌人就是朋友，我去秦国寻求帮助去！

苏秦暗中派人资助张仪，助他一路顺利到达秦国，见到君王，甚至当上客卿（专给秦王策划攻打各国诸侯国方案的职位）。这时候，帮助张仪的恩公才告诉张仪真相——苏秦是故意激怒张仪的，为的是张仪今后有更好的发展，说好的兄弟情可一点都没变呢！

张仪知道后，感叹万千，许诺在苏秦当权时不攻打赵国。

可是，秦国，多厉害的一国啊！那么多军队，待在函谷关里十五年，终究还是按捺不住了。

秦国先是派使者欺骗魏国和齐国，想同二国攻打赵国，凭此破坏抗秦者联盟。

魏国和齐国还真听话，真攻打赵国了，赵王一看大军压境，很惶恐啊，就责备苏秦。苏秦居然也害怕了，请求出使燕国，发誓一定报仇。

苏秦离开赵国后，抗秦者盟约就失效了。

秦国一打听，苏秦去燕国了。那好，便同燕国搞好关系，决不能放过他！

秦惠王将公主嫁给燕国太子，同年，燕文侯去世，太子即位，是为燕易王。

易王刚登基，齐宣王趁着发丧之机，攻打燕国，胜了，抢去了燕国十座城池。

这易王虽然娶的是秦国媳妇，但相信苏秦，请求苏秦替燕国收复被侵占的国土。

苏秦一口应允，然后出使齐国。

苏秦来到齐国时，齐王还是爱听集体大合奏的那位。苏秦见齐宣王，先行祝贺之礼，接着3秒变脸，又行哀悼之礼。

齐宣王当然是一脸搞不清状况。

齐宣王问苏秦，苏秦说："人再饿，吃馒头吃树皮，也不会去吃有毒的乌喙，因为那样会死。而且吃得越多，死得越快。燕秦是联姻之国，齐国抢燕国的城池，那就是作死，等同于和秦国结下了仇怨，跟吃有毒的乌喙有什么区别？"

齐王吓得冷汗涟涟，赶紧听苏秦的话，把夺来的城池还给了燕国。

苏秦见齐王，再拜，俯而庆，仰而吊。齐王曰："是何庆吊相随之速也？"苏秦曰："臣闻饥人所以饥而不食乌喙者，为其愈充腹而与饿死同患也。今燕虽弱小，即秦王之少婿也。大王利其十城而长与强秦为仇。今使弱燕为雁行而强秦敝其后，以招天下之精兵，是食乌喙之类也。"齐王愀然变色曰："然则奈何？"苏秦曰："臣闻古之善制事者，转祸为福，因败为功。大王诚能听臣计，即归燕之十城。燕无故而得十城，必喜；秦王知以己之故而归燕之十城，亦必喜。此所谓弃仇雠而得石交者也。夫燕、秦俱事齐，则大王号令天下，莫敢不听。是王以虚辞附秦，以十城取天下。此霸王之业也。"王曰："善。"于是乃归燕之十城。（《史记·卷六十九·苏秦列传第九》）

问题解决了？

问题解决了，因为齐王认为苏秦说得很对，齐国归还了燕国的城池。

问题没解决，因为齐国其他人认为苏秦出卖国家、反复无常，是作乱妖人。

苏秦怕死，连夜返回燕国。

按道理，苏秦使齐这一番功劳，燕王应该奖赏他，但燕王却没有给苏秦任何官职。

苏秦很聪明，立刻推断出是有人毁谤自己不忠信。

苏秦求见燕王，道："忠信的人，是一切为了自己的，进取的人才是为了别人，而弃家外游，就是要求进取。"苏秦还举例曾参（不离父母）、伯夷（坚守正义饿死在首阳山下）、尾生（跟女子约在水岸见面，女子没来水却涨潮了，尾生仍等着女子，最后抱柱而死）的例子，撑"进取"，反"忠信"。

燕王觉得苏秦是神逻辑，自己不忠不信，还有一套歪理邪说。

苏秦又举例："大老婆不仅给老公戴原谅帽，还想毒死老公。小老婆打翻了毒酒救了老公，老公却只看到她打翻了酒壶，生气地打了小老婆板子，我现在就是那个小老婆！"

燕王第一次听到一个大男人自比小老婆，觉得很新鲜，就恢复了苏秦的官职，愈发厚待他。

"不然。臣闻客有远为吏而其妻私于人者，其夫将来，其私者忧之，妻曰'勿忧，吾已作药酒待之矣'。居三日，其夫果至，妻使妾举药酒进之。妾欲言酒之有药，则恐其逐主母也，欲勿言乎，则恐其杀主父也。于是乎详僵而弃酒。主父大怒，笞之五十。故妾一僵而覆酒，上存主父，下存主母，然而不免于笞，恶在乎忠信之无罪也夫？臣之过，不幸而类是乎！"（《史记·卷六十九·苏秦列传第九》）

其实这个时候，苏秦好好做官就挺好的，接下来的人生也不会那么凶险。

可他却偏偏做了一件不得了的、不该做的事——私通燕易王的母亲，给老燕王戴了绿帽子。

活着不好么？

燕易王知道了，当然是选择原谅他，且愈发厚待苏秦。

这厚待令苏秦害怕，总觉得燕王的笑脸后面是杀头刀。苏秦便提议前去齐国，暗中助燕，这样就能离燕王远一点。燕易王同意了，于是苏秦假装得罪了燕王而逃到齐国，齐宣王任用他为客卿。

是的，这会儿齐宣王还未去世，南郭先生仍在滥竽充数，但过不久，齐宣王就去世了。

　　齐愍王继位，南郭先生被发现根本没有音乐技能，逃亡别国。而苏秦仍待在齐国，他劝说愍王厚葬宣王以示孝顺，大兴土木以示得志——目的是搞垮齐国，从而使燕国获利。

　　过不久，燕易王也去世了，燕哙继位。风云波动，嫉妒使人疯狂，齐国众大夫因争宠派人刺杀苏秦。

　　苏秦重伤，虽然没死，但也活不了多久了。

　　齐王派人捉拿凶手，没抓到。

　　苏秦将死时，要求齐王以"帮助燕国在齐国从事反间谍活动罪"将他车裂于市，并犒赏行刺之人，这样刺伤他的贼人就会出现。

　　齐王依计车裂苏秦，凶手果然出现，齐王诛杀了凶手。

　　苏秦死后，他为燕国破坏齐国的大量事实也被泄露了出来。

　　齐王心情复杂。

　　燕王也心情复杂——好在齐王替苏秦报仇了！

　　其后齐大夫多与苏秦争宠者，而使人刺苏秦，不死，殊而走。齐王使人求贼，不得。苏秦且死，乃谓齐王曰："臣即死，车裂臣以徇于市，曰'苏秦为燕作乱于齐'，如此则臣之贼必得矣。"于是如其言，而杀苏秦者果自出，齐王因而诛之。燕闻之曰："甚矣，齐之为苏生报仇也！"（《史记·卷六十九·苏秦列传第九》）

　　苏秦所遭受的车裂，就是把人的头和四肢分别绑在五辆车上，套上马匹，让马分别向不同的方向拉，这样把人的身体强行撕裂为六块，也就是五马分尸。

　　最初的最初，苏秦还是少年时，去秦国找工作，那会儿秦王刚车裂完改革派先锋商鞅，恐怕他还能得见一两点血迹。

　　不知彼时彼地，少年苏秦是何心态？是否满满都是一颗大展宏图的赤子之心？

　　千年之后，另一位改革派先锋王安石，写了一首名为《苏秦》的诗：

已分将身死势权，恶名磨灭几何年。

想君魂魄千秋后，却悔初无二顷田。

厉害的老师，才能教出厉害的学生

苏秦早年求学鬼谷学院，他的老师是鬼谷子。

鬼谷子不是真名，人家姓王名诩，是战国时期魏国人。鬼谷子同墨子的交情不错，两个人经常结伴出入，特别是进山采药。

有一天，他俩又进山了，到了鬼谷这个地方，王诩一看，哎哟不错，这个地方好得很啦！名字也够格调，非常适合我的风格。于是，王诩对墨子说："你自己回去吧！我就不跟你出去了，后半辈子就要在这隐居了！"

从此自号鬼谷子。

许多志怪小说，都坚称鬼谷子是下凡的神仙。例如梁元帝萧绎《金楼子·箴戒》中就有"秦始皇闻鬼谷先生言，因遣徐福入海求玉蔬金菜，并一寸椹"的记载。

这当然有些扯，鬼谷子99%不可能是神仙，但也很了不起，因为他创立了一个学派——纵横派。

这一派没事就讲讲太极阴阳八卦。

现如今爱看八卦爱吃瓜的诸位，可以来拜见祖师爷。

太极八卦，讲究两极对垒，相辅相成。不是黑便是白，不是矛便是盾。鬼谷子这个人有趣得很，教学生也喜欢教出一个矛，一个盾。

例如同期生苏秦和张仪。

苏秦是六国（除了秦国）国相，组织合纵联盟，联合抗秦。

张仪是秦国国相（是的，张仪后来拜相了），组织以横破纵，专门帮着秦国对付别国。

苏秦者，东周洛阳人也。东事师于齐，而习之于鬼谷先生。（《史记·苏秦列传》）

张仪者，魏人也。始尝与苏秦俱事鬼谷先生，学术。苏秦自以不及张仪。（《史咱们学过历史，知道最后是秦国赢了。古往今来，各种争论，大多数也是觉得张仪强过苏秦（虽然张仪最后也从秦国逃到了魏国）。

《史记》里记载，张仪在鬼谷学院读书时，成绩就比苏秦好，张仪门门是 A，而苏秦只能拿到 B 等成绩。

鬼谷子教的学生，同期的，总是一位不如另外一位。

例如另外一期，他教出了庞涓和孙膑。

也是矛与盾。

庞涓和孙膑同在鬼谷学院读书，从小学读到大学，十几年的义务教育，庞涓从来没有比孙膑考得高过。关键是庞涓每天从早到晚学习，补课，做大量习题，例如《十五年高考二十年模拟》全部翻来覆去做了三遍，但每次还是考 C 或 B+。孙膑却是上课不听讲，回宿舍打游戏，考前突击一下，不好意思又拿了 A。

庞涓每天努力，却不如别人随便搞搞，丧不丧？

而且，庞涓出身平常百姓家，孙膑却是孙武的后代，《孙子兵法》是他祖宗写的，也算是个二代，本身的物质条件和人脉也不是庞涓能比的。

庞涓觉得世道不公平，心态崩了。

所以，当庞涓在魏国当将军时，因为嫉妒心驱使，设计陷害孙膑，让孙膑受了膑刑和黥刑，双足也被砍去了。

庞涓："叫你了不起！叫你了不起！现在你站都站不起来，还怎么了不起！"

但是，孙膑是非常有智慧的一个人。是金子总会发光的，哪怕是失去了双腿的金子。齐国使者来魏国时，孙膑已经是受了刑的囚徒，失去了双腿，他就以这般卑贱的身份见了使者。使者觉得此人奇货可居，悄悄将孙膑载回齐国。齐国将军田忌非常赏识孙膑，待他如上宾。

田忌经常与齐国众公子在马场赛马，设重金赌注。马分为上、中、下三等，孙膑发现每个同等级的马脚力都差不多，于是对田忌说："您只管下大赌注，我能让您取胜。"

田忌很信任他，完全照孙膑的吩咐，下千金赌注。比赛开始，孙膑教田忌用自己的下等马对付公子们的上等马，用上等马对付公子们的中等马，用中等马对付公子们的下等马。三场比赛，田忌一败两胜，大赚一笔。

这便是田忌赛马的故事。

尝到了甜头的田忌，将孙膑推荐给齐威王做老师，专教兵法。

齐使者如梁，孙膑以刑徒阴见，说齐使。齐使以为奇，窃载与之齐。齐将田忌善而客待之。

忌数与齐诸公子驰逐重射。孙子见其马足不甚相远，马有上、中、下辈。于是孙子谓田忌曰："君弟重射，臣能令君胜。"田忌信然之，与王及诸公子逐射千金。及临质，孙子曰："今以君之下驷与彼上驷，取君上驷与彼中驷，取君中驷与彼下驷。"既驰三辈毕，而田忌一不胜而再胜，卒得王千金。于是忌进孙子于威王。威王问兵法，遂以为师。（《史记》卷六十五：《孙子吴起列传第五》）

魏惠王二十八年（公元前342年），魏国由庞涓领兵，进攻韩国。韩国打不过，向齐国求救。

齐王派孙膑做军师，统领齐、楚等多国雄兵。孙膑用了一招声东击西之法，大军不去韩国救援，而是直击魏国都城，魏国慌了，庞涓赶紧退兵回国守城。

孙膑很了解庞涓这个人，他完全摸透了庞涓的弱点——毕竟读书的时候打败了他三百多次。孙膑考虑到庞涓自恃其勇，一定会轻视齐军，况且齐军也有怯战的名声（网上可没少水军嘲笑齐军）。孙膑便决定诱敌深入，引诱魏军进入埋伏圈。他命令进入魏国境内的齐军第一天埋设十万个做饭的灶，第二天减为五万个，第三天减为三万个。

庞涓追了三天，很仔细地查看齐军留下的灶后非常高兴，以为齐军怯懦，进入魏国境内才三天，士兵就跑了一大半。于是，庞涓更加心切，为了追上孙膑，竟丢下步兵，只带领精锐骑兵追击，夜走马陵道。道路狭窄，两旁多峻隘险阻，庞涓走着走着，发现道旁大树似乎不对劲。庞涓命人举起火把，近前一看，树皮被砍了，露出白木，其上刻着八个大字："庞涓死于此树之下"。

庞涓当时心里就难受了，但还没等他开口，齐军伏兵万箭齐发，魏军大乱。

根本就没有逃兵好么？十几万齐军涌上，庞涓知道输了，这一次考试仍没考过孙膑。庞涓拔剑自刎，临死前说道："遂成竖子之名！"，当然也有人说，庞涓不是自刎而是被乱箭射死的。

元杂剧《庞涓夜走马陵道》里这样唱这一出不相爱只相杀的故事：俺和他同堂友至契至交，须不是被傍人厮间厮谍。俺可也为甚么相贼相残，都是他平日里自作自孽。他把切骨的冤仇死也似结，怎教俺便忘了者。俺如今拼的个不做不休，这就是至诚心为人为彻。

齐军乘胜追击，歼灭魏军十万人，俘虏魏国主将太子申。

经此一战，魏国元气大伤，失去霸主地位，而齐国则称霸东方。孙膑一战成名，且报了刖足之仇。

遥远的秦国：哦？呵呵。

刘伯温
LIU
BOWEN

厉害了，我的超忆症

文 / 银子辛

《洞天福地记》里有这样一条记载："古称七十二福地，南田居其一。"

南田就是南田山，此山以北一百五十里的地方，就是青田县城。1311 年，刘伯温在这里出生。为啥他的出生地点是洞天福地之一？吾言此乃天意也，汝信否？

刘伯温大名叫刘基，字伯温。小时候他就聪颖好学，识字之后更是一发不可收拾，看书一目七行，简直牛得飞起。12 岁就参加乡试，没有任何意外地考中了秀才。这件事让父老乡亲震惊得下巴都快掉了，从此称他为"神童"。

神童到底有多神？简单来说就是过目不忘。这个技能在刘伯温十四岁上府学的时候真正觉醒，把教他《春秋》的那位老师吓得不轻。

老师："《春秋》要多读几遍。"

刘伯温："没必要。"

老师："你说啥？"

刘伯温："我有超忆症，看两遍就记住了，你想听听我的见解吗？"

老师："我不信。"

刘伯温："那你随便出题试一下。"

半小时之后……

老师："我的妈呀，简直奇才啊！我用脑袋担保，你以后一定会出名。"

公讳基，字伯温。神知迥绝，读书能七行具下。年十四，入郡胶，师受《春秋》，未尝执经诵读，而默识无遗。辨决疑义，出人意表。为人辄有奇气。诸家百氏，过目即洞其旨。（《诚意伯刘公神道碑铭》）

第三章
167

学府三年毕业，十七岁的刘伯温又跑到处州找了一个名望很高的老师——郑复初，跟他学习程朱理学，再一次展示了聪颖好学，过目不忘的本事。郑老师的惊讶之色比府学那位更甚，直接开家长会，对刘伯温的父亲说："你家祖上德行深厚，这孩子以后必定光耀门楣。"

基幼颖异，其师郑复初谓其父爚曰："君祖德厚，此子必大君之门矣。"（《明史·刘基传》）

你瞅瞅，你瞅瞅，那时候超忆症在众人眼里根本不是病，而是开挂技能，带着这种 BUFF，不论在哪里学习，都能给同期学子带来不可磨灭的心理阴影。教过刘伯温的两位老师像偷看剧本一样对他的未来给予了重大期望，殊不知在 FLAG 理论中这是大忌。他们的话或许是经年之后的结果，但中间的过程肯定会毫不留情地拔掉他们竖起的旗帜。

刘伯温的仕途之路并不顺利，甚至有点儿窝囊。

元朝让我不爽，我让元朝完蛋

过目不忘可以提高学习速度，可以在有限的时间内获得超出常人的知识。刘伯温拥有这个能力，学得自然比别人多，用现在的话来说：他的知识都学杂了。诸子百家、天文历法、兵法数学，甚至还学了《奇门遁甲》，刘大学霸用亲身经历告诉我们一个真理——知识真的可以改变命运。

真的可以吗？

呃……那得看怎么用。

刘伯温 23 岁的时候去京城参加公务员考试，顺便在京城溜达了一圈。在某个书店闲逛的时候，看到一本很感兴趣的天文书，拿起来翻了两遍，不知不觉触发了"过目不忘"技能，当着老板的面儿把书的内容背了出来。书店老板哪见过这种奇人，还以为是哪路神仙来人间考察，差点儿没给他跪下，硬撑着站稳后非要把那本书送给他。

刘伯温只是微微一笑："内容都背下来了，我还要书干啥？"说完就潇洒地离开了书店。那位老板望着这位奇才少年桀骜不驯的背影，心里瞬间跑过无数只羊驼。

尝游燕京，间阅书肆天文书，翌日背诵如流，其人大惊，欲以书授公，公曰："此已在吾胸中矣。"（《诚意伯刘公神道碑铭》）

这个插曲并没有影响到公务员考试，刘伯温中了三甲第 20 名进士。这个结果告诉我们，神童也好，学霸也罢，名声上的优势大多数时候都和考试成绩没啥关系。否则，他应该是一甲第一名的状元才对。

中举之后就是当官，当了官之后刘伯温才知道，这个官是真不好当。接连换了好几个职位，他始终适应不了元朝的腐败，还受了一肚子气，最后索性辞职不干了，回家和朋友聚在一起喝酒吹牛聊天，日子过得也挺爽。这期间他依然看了不少书，还写了一部《郁离子》，肚子里的学问就像元气值一样在沉淀累积，等到爆发的那一刻，必然会放出一记终极必杀。

有一次，刘伯温和朋友们去西湖游玩，看到西北方向的云彩与众不同。文人墨客遇到罕见的自然景观肯定要吟诗作赋一番，要不然内心的感叹之情抒发不出来容易憋疯。

在队友们吟诗赞美西边的云彩时，刘伯温只是闷头喝酒，喝多了就开始大放厥词："我告诉你们，别小看那云彩，那是天子之气。十年之后此人必来金陵，我会辅佐他完成大业。"

友人笑道："忽悠，接着忽悠。"

刘伯温撇嘴道："你们懂个屁。"

那时候杭州还没有任何动荡的迹象，大家都觉得刘伯温是想出名想疯了。但也有例外，西蜀赵天泽就不这样认为，在他看来，现在的刘伯温与东汉末年在隆中务农的诸葛亮很像，表面上看着好像是神棍瞎忽悠，实际上一定是对天下大势做过系统分析之后得出了可靠结论，他由衷地觉得刘伯温就是另一个孔明。

至正初，以《春秋》举进士，授高安县丞，累官江浙儒学副提举。元政乱，投劾去。常建议剿方国珍，不用，安置绍兴。游西湖，有异云起西北，诸同游者皆以为庆云，将分韵赋诗。基独纵饮不顾，大言曰："此天子气也。十年后应在金陵，我当辅之。"时杭州犹全盛，皆大骇以为狂，无知基者，惟西蜀赵天泽奇之，以为诸葛孔明之流。（《明史纪事本末》）

但刘伯温不是诸葛亮，朱元璋也不是刘备。

"三顾茅庐"这种故事只会出现在书本里，现实中很难有老板多次亲自登门招聘的戏剧性情节。纵使刘伯温有意效仿诸葛亮，朱元璋也不会惯着他。事实上，朱老板并没有把素未谋面的刘伯温放在眼里，派人去请是礼遇名士，刘伯温推辞不来，朱元璋也没怎么放在心上。毕竟流民出身的朱元璋，对名声这种徒有其表的东西并不太认可。

一粒花生，吃了就吃了，不吃也无所谓。

那刘伯温最后有没有去呢？

当然去了。

朱元璋在总制官的建议下又邀请了一次，刘伯温这才去见他。他这个推辞的举动与之前在西湖的大放厥词前后矛盾，应该只是想抬一下身份。学贯古今的刘伯温对历史上的先贤了如指掌，很清楚"别指望有能力的人守规矩"这句话的真谛。

这一点，从他不拜小明王韩林儿就可以看出来。

说起韩林儿，这人实在没什么名气，他老子叫韩山童，自称宋朝后裔，以白莲教蛊惑人心，组织教众发动起义，刚闹出点动静就被元朝政府给杀了。为了给起义找个合理的名义，起义军奉他儿子韩林儿为帝，国号还叫大宋，韩林儿就成了小明王。

不管怎么说，朱元璋这伙人是以大宋的名义反抗元朝，面对这个傀儡皇帝，表面上的尊敬还是要有的，于是中书省在年初的时候组织了一场官员参拜小明王的活动。

刘伯温压根不在乎这货是什么人，他的眼里，主公只有一个，那就是朱元璋，所以根本不拜，还不屑地说："一个牧童而已，理他干啥？"转而跪拜朱元璋："天命在您身上，我只参拜您。"

这个马屁拍得恰合时宜，至少在老板心里留了个好印象。

及太祖下金华，定括苍，闻基及宋濂等名，以币聘。基未应，总制孙炎再致书固邀之，基始出。

初，太祖以韩林儿称宋后，遥奉之。岁首，中书省设御座行礼，基独不拜，曰：

"牧竖耳，奉之何为！" 因见太祖，陈天命所在。（《明史·刘基传》）

战争号角响彻全场，刘军师已主宰比赛

朱老板是因为刘伯温的名气才前去招聘，但名气这东西难保不是炒作而来，牛皮吹得震天响没有用，是骡子是马得拉出来遛遛才行。

三国时诸葛亮让刘备三顾茅庐，摆足了谱，刘备也给足了他面子，但如果见面之后他不能展示出真才实学，或者说不能给集团谋利，老板会把之前苦等时受的气一并还给他，这是极其危险的事，搞不好会玩脱丧命。不过还好，诸葛亮慷慨激昂一番《隆中对》，建功立业在他嘴里犹如探囊取物一般，着实给当时处于劣势的刘备打了一剂强心针，这份工作顺利保住了。

刘伯温呢？完全效仿孔明。他给朱元璋搞了一套《时务十八策》，也是基本上已经把天下局势定了下来。与《隆中对》不同，《时务十八策》的具体内容是什么成了千古之谜，可能只是口述，以刘伯温的尿性以及过目不忘这个 BUG 技能，他的确干得出来把原稿烧了以显示自己记性好这种事。这方法的确管用，老板看到后乐开了花，之前招聘时所有的不愉快全都消失了，在心里把他当成了张良、孔明之才。

陈时务一十八款，上从之。（《诚意伯刘公行状》）

元末的天下格局很有意思，打着反元旗号割据的军阀在军事力量稳定之后，几乎都对元朝政府失去了兴趣，纷纷掉转枪口，把铲除的对象瞄准了别的义军集团。当时有三股最强的势力，以强弱次序排列是这样的：汉军陈友谅、宋军朱元璋、吴军张士诚。以朱元璋的视角来看，张士诚是最好捏的软柿子，麾下的将军谋士也都同意先干张士诚，毕竟放着怂货不欺负去和强者对着干通常都是脑子有病的表现。

刘伯温可不是一般的谋士，他要做谋士中的老大，既然是老大，想法怎么能和别人一样呢？何况他真的有病。所以在朱元璋咨询征讨方案时，他撇着嘴说："既然张士诚好打，那为什么还要先打？灭了陈友谅之后，谁还能威胁到你？"

朱元璋："先生说得对。可是现在陈友谅气势正盛，正要集结军队来干我，有人劝我跑，有人劝我降，你有啥办法没？"

刘伯温："这还用说吗？不敢正面硬刚的人一律枪毙。陈友谅急功近利，装备没出完就要越塔强杀，这种秀操作式的打法肯定赢不了。咱们就蹲草丛等他深入，配合防御塔将其团灭。"

朱元璋："先生一看就是钻石级别的老玩家，排位赛升级就靠你了。"

太祖召入内，基奋曰："主降及奔者，可斩也。"太祖曰："先生计安出？"基曰："贼骄矣，待其深入，伏兵邀取之，易耳。天道后举者胜，取威制敌以成王业，在此举矣。"太祖用其策，诱友谅至，大破之。（《明史·刘基传》）

按理说刘伯温是一介文臣，从考中进士开始干的始终是后勤工作，应该没有实际作战经验才对。可是他遇到朱元璋之后就变成了战神，不论是洞察人心还是鼓舞士气，甚至具体的作战部署他都玩得游刃有余，几乎让人有种错觉，这货就是孙武、韩信转世。

其实他之所以这么神，全靠学识的积累，曾经熟读过的兵法韬略在沉淀之后终于爆发了，以六神装破防减伤的气势一路横冲直撞，直堵对面泉水，大杀特杀，帮助老板铲除了帝业途中一切威胁者，为推翻元朝，建立不朽基业做出了杰出贡献。

对于刘伯温的作战才能，有本书值得说一下，那就是《百战奇略》。这本书特别神，记载了一百种作战的方法。以刘伯温的超忆症 BUFF 把曾经看过的兵法类文献进行总结，编撰得的确合情合理，只不过《明史》中根本没有此书记载，此书究竟是不是刘伯温所撰成为未解之谜。

与此类似的还有他的《烧饼歌》，那更是一部奇书，可以和唐朝《推背图》相提并论，内容是对明朝及后世的各种预言。至于准不准，这就跟绝大多数算命的一样，你信它就准，即便不准，你也会想方设法牵强附会地把结果与真实发生的事联系起来。

毕竟，谁都有趋吉避凶的心理。

"半似日兮半似月，曾被金龙咬一缺。"

在竞技类桌游《英雄杀》里，刘伯温叨咕出以上台词时，就表示他要发动"占卜"技能了，此技能可以观看最上面五张牌，不仅自己能选择好牌，还能主导下家的牌。如果你坐在他的下家，且正好被"手捧雷"威胁，那可就要小心了，他随便给你一张黑桃数字牌，你的游戏体验就到此结束了。

抛开游戏不说，上面那句云山雾绕高深莫测的句子正是出自《烧饼歌》。刘伯温深谙天文历法，有些自然现象自然是可以观测出来的，这就跟现在的天气预报一样，没什么稀奇的，但大多数情况下，他说的命理之事都是靠这种玄乎的方式忽悠人。

《烧饼歌》的故事发生在朱元璋登基以后，某一天不知道是不是御膳房的珍馐美味吃腻了，朱元璋竟然拿起一个烧饼啃了起来，刚咬了一口，听闻刘伯温觐见，朱元璋脑袋一抽，顺手把饼扔到碗里盖了起来。然后，也不管刘伯温来找他是为了什么军国大事，直接开始了相声专场。

朱元璋："相声讲究四门功课，说学逗唱，尤其这个逗，得有渊博的学识。比如我旁边这位刘先生，大家都认识，那可是过目不忘的奇才。刘先生，你看了这么多书，深谙命理之道，能说说我这碗里是什么吗？"

刘伯温："半似日兮半似月，曾被金龙咬一缺，应该是个饼。"

朱元璋："你是怎么算出来的？"

刘伯温："猜的。"

朱元璋："果然厉害，那你说说，我大明能延续多少年？"

刘伯温："这有什么可说的，陛下万子万孙。"

后面二人又巴拉巴拉地说了好多，据说一直预言到了现代。看起来的确和《推背图》是类似的东西，连之后那些所谓的解析都一样毫无根据且牵强附会。

就上面这段而言，刘伯温的预言准确吗？看起来是瞎扯淡，因为明朝在崇祯死后就灭亡了。但是，解读这段的人可不这样说，而是把"万"说成了万历皇帝，崇祯恰好是万历皇帝的孙子，于是"万子万孙"就成了崇祯年间明朝终结。

多么牵强的解读。

刘伯温如果真有这么强的占卜能力，他怎么没预见到自己的死期？

但刘伯温对占卜的运用，也并非是阿谀奉承以博皇帝一笑，他是要以此鬼神之说来达到实际目的，因为有些话直接说出来没人乐意听。

1364 年，朱元璋自立为吴王，封刘伯温为太史令，说白了这个官职就是皇上的算命先生，不仅研究天文历法，还得占卜吉凶祸福。

天下笃定，为了给老板博得一些好名声，刘伯温想让朱元璋搞个罪己诏，对一些无关痛痒的错误进行检讨。这种事如果直接说出来，以朱元璋的脾气肯定不同意。所以刘伯温换了个方式，用神棍的口吻忽悠道："啧啧啧，近期我夜观天象，有些不妙啊！"

朱元璋："你能不吓唬我不？"

刘伯温："荧惑星停在心宿的位置，这是有灾祸的预兆。"

朱元璋："先生可能破？"

刘伯温："依我看，也不是不能破，就是得难为陛下了。"

朱元璋："一小般的难为我还是能接受的，只要别太严重就行。"

刘伯温："下诏己罪。"

朱元璋："妥妥的。"

然后这件事就过去了，朱元璋真的下了个罪己诏。

又过了段时间，天气大旱，刘伯温通过天文知识观测到旱期将消，不日便有大雨降临。

这么好的显摆机会可不能白白浪费，他跑到朱元璋面前说："陛下，你知道为什么会大旱吗？"

朱元璋："有屁快放。"

刘伯温："呃……你把我思绪都打乱了。对了，大旱是因为有冤案，请陛下清理积压的冤案，为民平反，当冤气消弭之时，必得神鬼庇佑之力，大雨不请自来。"

朱元璋："交给你去办。"

然后刘伯温就奉命去审理冤案了，他踩着时间节点审案，积压的案件刚清理完，大雨也如期而至了。这件事让朱元璋对刘伯温的神鬼之术深信不疑，后来刘神棍请求建立法制阻止官府滥杀无辜的时候，朱老板想都没想就同意了。

除了假托鬼神以外，刘伯温还给朱元璋解梦，神乎其神地瞎忽悠了一通，真实的目的还是劝老板不要滥杀无辜。

吴元年以基为太史令，上《戊申大统历》。荧惑守心，请下诏罪己。大旱，请决滞狱。即命基平反，雨随注。因请立法定制，以止滥杀。太祖方欲刑人，基请其故，太祖语之以梦。基曰："此得土得众之象，宜停刑以待。"（《明史·刘基传》）

学识渊博是一码事，怎么样利用是另外一码事，刘伯温玩的这手猫腻在当时没人能看出破绽。即便是现代，有些迷信之人依然相信解决旱灾的暴雨就是刘伯温通过神力求来的。

话说刘伯温就没有失手的时候吗？当然有，毕竟天气预报也不是那么准。

那件事发生在朱元璋巡视河南汴梁的时候。他把刘伯温和左丞相李善长留在了京城，刘伯温向朱元璋提议整肃纲纪，得到批准后谁也不惯着，哪怕对方是李善长的亲信。可是左丞相毕竟有权，可以要求御史台暂缓处置，刘伯温压根不理，快马加鞭去给朱元璋送信，得到批复的时候正好赶上求雨，就在祭坛之下把那人给杀了。

杀人就这么痛快，给对手造成了极差的人生体验。

这下可好，他跟李善长结下了一个大梁子。朱元璋刚回来，李善长就和那些厌恶刘伯温的人在御前告了一状，罪名是刘伯温在祭坛下杀人，得罪神明导致大旱。

朱元璋问他："你怎么说？"

刘伯温："那些匹夫懂个屁。"

朱元璋："依你看呢？"

刘伯温趁机解决政务："士卒过世后，他们的妻子都编入了别的营地，但凡人数过万，就会造成阴气郁结，必须得想个办法解决这一现状。还有就是工匠死了不安葬，他们的冤魂能消停吗？再就是张士诚的降将都编入军队，这就冲犯了国家的和气。如此三点解决，必有甘霖普降。"

由于之前有先例，朱元璋对刘伯温的话深信不疑，对他的建议全都同意了。

然而……老天给了刘伯温一个响亮的耳光。

十天过去了，滴雨未见。

刘伯温每天绕着观星台打转，胡子都快揪掉了，硬是想不出来到底哪里出现了错误。

朱元璋很生气，但不好发作，因为这时候刘伯温的老婆死了，他请求回家发丧。一次玩脱了的求雨事件就这样有惊无险地被化解了。

中书省都事李彬坐贪纵抵罪，善长素昵之，请缓其狱。基不听，驰奏。报可。方祈雨，即斩之。由是与善长忤。帝归，愬基僇人坛壝下，不敬。诸怨基者亦交谮之。会以旱求言，基奏："士卒物故者，其妻悉处别营，凡数万人，阴气郁结。工匠死，胔骸暴露，吴将吏降者皆编军户，足干和气。"帝纳其言，旬日仍不雨，帝怒。会基有妻丧，遂请告归。（《明史·刘基传》）

我不当丞相，别人也都不配当

朱元璋是历史上有名的暴君，杀人跟切菜一样，经常因为一些鸡毛蒜皮的小事把大臣灭门。不只是他，明朝的皇帝除了朱允炆以外性格都挺扭曲，要么呆傻要么诡谲多疑。

刘伯温跟着朱元璋东征西讨，对这位老板的性格还是很了解的，没当上皇帝之前他对这些帮着打天下的臣属格外礼遇，一旦坐上了帝位，这些当初的功臣就成了他朱氏政权最大的威胁，肯定不会有好下场。

那怎么办？

除了告老还乡，刘伯温实在想不出什么好办法。

纵观历史，权臣压主这种事屡见不鲜。

最有名的就是三国末期的权臣干政，蜀国有诸葛亮，魏国有司马懿，司马懿最后造反了，明目张胆地把曹魏的权力架空，司马家族成了魏国第一掌门人，他的孙子更是取代魏国建立了新的政权。诸葛亮没有这样，他鞠躬尽瘁死而后已，但他六出祁山的这种征讨行为，也没给刘禅太多发表意见的余地。

刘禅："宝宝心里苦，明明我才是皇帝。"

曹芳："老哥我很理解你，这就是命。"

朱元璋就算出身再低微，他也了解这些朝代更迭的原因，在对待功臣和权臣的态度上，他要狠毒得多。

刘伯温更明白这个道理，所以一直想找个机会跑路。

朱元璋对丞相李善长很不满意，总惦记着炒他鱿鱼，刘伯温一看势头不对，急忙劝道："老李跟你混这么久了，同事们跟他都很熟，有他在可以给你背锅，没事还可以演演双簧，一个唱红脸一个唱白脸，得罪人的事都让他去干。"

朱元璋皱眉："你俩不是关系不好吗？把他炒了，丞相就是你的了。"

刘伯温直接跪下了："可别。就算把他炒了，我也不能干。偷梁换柱你应该找个更粗的，我只是根筷子，支撑不起这座宫殿。"

后来朱元璋还是把李善长开除了，想让跟刘伯温关系好的杨宪当丞相。

刘伯温忙说："杨宪小心眼，当不了丞相。"

看到没，这种朋友最可怕，平时称兄道弟，关键时刻背后捅刀子。

朱元璋："汪广洋呢？"

刘伯温："心眼更小。"

朱元璋："胡惟庸呢？"

刘伯温："此人太狂，无法胜任。"

朱元璋："那就只剩你了。"

刘伯温："我不干。"

朱元璋："……你可以滚了。"

后来朱元璋大封功臣，刘伯温被封为诚意伯，官位是弘文馆学士，恩赐他可以告老还乡。

初，太祖以事责丞相李善长，基言："善长勋旧，能调和诸将。"太祖曰："是数欲害君，君乃为之地耶？吾行相君矣。"基顿首曰："是如易柱，须得大木。若束小木为之，且立覆。"及善长罢，帝欲相杨宪。宪素善基，基力言不可，曰："宪有相才无相器。夫宰相者，持心如水，以义理为权衡，而己无与者也，宪则不然。"帝问汪广洋，曰："此褊浅殆甚于宪。"又问胡惟庸，曰："譬之驾，惧其偾辕也。"帝曰："吾之相，诚无逾先生。"基曰："臣疾恶太甚，又不耐繁剧，为之且孤上恩。天下何患无才，惟明主悉心求之，目前诸人诚未见其可也。"后宪、广洋、惟庸皆败。三年授弘文馆学士。十一月大封功臣，授基开国翊运守正文臣、资善大夫、上护军，封诚意伯，禄二百四十石。明年赐归老于乡。（《明史·刘基传》）

正如年少时那两位老师所言，刘伯温的确获得了光耀门楣的成就，甚至千古留名，但这并非是天赋所致，过目不忘只是一个辅助属性，如果不用功读书，学以致用，就算天赋异禀也是废材一个。

刘伯温以神机妙算著称，事实上并没有那么神，命理术数、奇门遁甲终究抵不过变幻莫测的帝王之心，他被胡惟庸毒死后，子嗣也被朱元璋杀得几乎灭门。流传于后世的，只有他的名声和文学作品《诚意伯文集》，星象占卜方面的研究全都化为了梦幻泡影，淹没于历史的洪流之中。

晏殊

YAN SHU

令人窒息的诚实症候群

文 / 夜观天花板

该配合你的表演我视而不见

景德年间，江西人没有不知道晏家小孩的。才五岁，神童之名就传遍了大街小巷。

路人 A："你知道晏家公子吗，听说他今日又作了一首诗。"

路人 B："知道知道，就是那个五岁就能吟诗的神童。"

路人 C："是啊，比那个七岁才吟'只有天上在，更无山与齐。举头红日近，俯首白云低'的寇准高出太多了，这才是真的神童嘛。"

路人 D（弱弱地问道）："不知这神童所吟的是何诗？"

路人 A、B、C：……

路人 D："炒作，你们这是恶意炒作！"

到底是不是炒作，现在已经找不到答案了，不过可以确定的是晏殊在孩童时期就已经红遍了大江南北。就连江南安抚使张知白都听说了他的大名，还为他做了信用担保，让年仅十四岁的晏殊能够参加殿试。

对比一下前辈寇准，虽有诗章在外，但直到十八岁才进士及第，中间相差的四年时光全用在学习上面了。而比晏殊还要大两岁的范仲淹，当时还在一间僧舍里"划粥断齑"——正自虐一般地苦学着呢。

智商上的差距，真是一览无遗。不仅可以领先同龄人几百万步，甚至可以说是直接站在了终点线。

打住打住，现在可不是讲天才宰相的时候，让我们切回正题。虽然我们这位天才 real 聪明，但是他也有病啊。

什么病？诚实综合征。

匹诺曹是不撒谎不舒服斯基，而晏殊则是不诚实不舒服斯基。

就算要重来，我还是要坦白

十四岁的时候，晏殊迎来了人生中第一次光宗耀祖的时刻——见皇帝。

大殿上，很多考生都被皇帝的气势所压，不是低头顺首，就是颤颤抖抖，还有人拿着三寸羊毫的手都开始抖起来了。当然啦，这绝对不是因为宋真宗是一个长相凶狠的皇帝，恰恰相反，宋真宗谦和有礼、温润如玉，一点皇帝的架子都没有。但是万人敬仰、尊贵无比、无人能及的皇帝身份，已经足够让很多人望而生畏了。

不过，有一个人却不害怕。

帝召殊与进士千余人并试廷中，殊神气不慑，援笔立成。（《宋史》）

在千人之中，唯有晏殊是从容镇定的。而在那千人之中，真宗也一眼看到了他，记在了心上。从此，宋史上多了一笔：

帝嘉赏，赐同进士出身。（《宋史》）

当时现场还有一个小插曲。当晏殊受到真宗的赏赐时，当时的宰相寇准是有意见的。没错，就是那位也被称为神童的寇准，北宋那会儿天才还是挺多的，除了这两位还有画《千里江山图》的王希孟，这幅由他十八岁所作的画卷历经九百多年仍然被收藏在故宫之中惊艳着世人；还有科学小天才沈括，就是写《梦溪笔谈》的那位；还有被称为"五鬼"之一的天才宰相（又是宰相）丁谓，因为政治、个人原因没能被历史铭记；还有福建福清人蔡伯俙，4岁（虚岁）为进士，秒杀一众神童，也是因为品行原因没能留下太多笔墨……

不过总的来说，宋朝确实给了很多天才发挥的空间，这也是这个朝代盛产天才的原因。

话扯远了，再说当时寇准反对晏殊为进士。这可不是因为嫉妒晏殊出名比自己早这种肤浅的原因，而是因为寇准是一个地域黑！

没错，就是地域黑。

这里需要解释一下的是，当时宋朝很多人都是地域黑，有着严重的地域歧视。比如说北方人是看不起南方人的，特别是福建人。

福建人：广东人要吃我我说什么了？现在还来歧视我？！不跟你们玩了！

宋朝之所以地域黑情况严重，是因为前面还有个朝代带偏了方向。

祖宗朝不用南人为相，仆尝求之古矣，亦有是说。观《南史》：齐高帝欲用张绪为仆射，以问王俭。俭曰："绪少有佳誉，诚美选矣。南士由来少居此职。"绪回曰："俭少年，或未谙耳。江左用陆玩、顾和，皆南人也。"俭曰："晋氏衰政，不可为准则。"宋武帝亦尝谓沈文季曰："南士无仆射，多历年所。"文季曰："南风不竞，非复一日。"（《野客丛书》）

南北朝时，齐高帝想要用南人为官，王俭知道后立马劝道："皇上，万万不可，你看看晋朝的下场就知道了，用南人为官，是要团灭的！"

宋武帝也想要启用南人，文季说："皇上，大家都不用南人，你怎么能这么土用南人呢，难道就不怕被人嘲笑？"

似乎明白南北朝存在时间很短的原因了……

等到了宋太祖这一代，地域黑愈演愈烈：

祖宗开国所用将相皆北人。宋太祖刻石禁中曰："后世子孙无用南士作相、内臣主兵。"（《邵氏闻见录》卷一）

不仅自己不用南人，还将不准用南人这一点写进了祖训，实乃史上地域黑始祖。

既然上面有人，寇准反对起来也是有理有据的："皇上，怎么能够封晏殊当进士呢，他可是外地人欤。您忘了您的老祖宗留下的话了吗？"

真宗微微一笑："张九龄不就是外地人吗？"

嘿嘿，皇帝会引用历史，寇准一时无言以对，晏殊这才得以不被差别对待。

不过晏殊的老乡萧贯点子就比较低了，南宋李焘《续资治通鉴长编》卷八十四《大中祥符八年三月》就记载过这样一件事：当时萧贯与山东人蔡齐一起参加最后一场状元争夺赛，真宗对"仪状秀伟，举止端重"的蔡齐很有好感，寇准不仅没有提醒真宗公正，还在一旁帮腔道："南方下国人，不宜冠多士。"

咳咳，当时还在考试呢，虽然蔡齐确实很优秀，真宗也很喜欢他，但是寇准你这样明显左右考试结果，是不是有失偏颇？

不过寇准才不在意公不公平呢，在蔡齐夺得状元之后，他还非常得意地说："多亏我聪明机智，又为中原夺得了一个状元。"

论地域黑可以无耻到什么程度。

之后，晏殊参加诗、赋、论的考试。在拿到试卷之后，晏殊一览全卷，发现试卷上的题目都是自己做过的。

这时候，一般人的反应应该是：天啊，欧皇附体了！这些题竟然都做过，爽爽爽！赶紧的，来抽一张 SSR 卡。

二般人的反应是：Lucky！这次第一稳稳的了。

但我们的晏殊哪是一般的人？当然，也不是二般的。他可是诚实综合征患者欸。

晏元献公为童子时，张文节荐之于朝廷，召至阙下。适值御试进士。便令公就试。公一见试题，曰："臣十日前已作此赋，有赋草尚在，乞别命题。"上极爱其不隐。（《梦溪笔谈》）

所以，晏殊的选择是坦白："这些题目我都做过，能用别的题来考我么？"

完全不按套路出牌。

能够刚好将考试的题目全做过，他以为这是一种普遍现象么？才不是咧，这种概率可比抽到 SSR 卡和抽中彩票的概率还要低。这种拼运气的事情，为什么要拒绝呢？

不过，欧皇就是欧皇，就算拒绝运气，好运也是一直陪伴的：选择说出实情的晏殊得到了真宗的赏识和爱护，并没有让小小年纪的他直接进入复杂的官场，而是有心地让他进入秘阁读书。这样晏殊可以一边做自己喜欢的事情，一边领工资了——人生赢家，真的让人很羡慕了。

当时的宋朝很有钱，人们的生活也很丰富，拥有较多的自由，与前面的朝代相比，比较大的一个区别在于宋朝是没有宵禁（晚上不许乱出门）的。在北宋的汴梁，夜晚是这样的："夜市直至三更尽，才五更又复开张，要闹去处，通宵不绝""冬月虽大风雪阴雨，亦有夜市"。夜市上有着各种美食小吃摊，沿街叫卖着各种小吃，管乐欢笑声不绝于耳，这里的夜晚是热闹、繁华、喧嚣的。

可以说，宋朝的繁华是夜空中的一颗明星，亘古明亮，曾有诗人这样回忆过汴京的夜晚："梁园歌舞足风流，美酒如刀解断愁。忆得少年多乐事，夜深灯火上樊楼。"

是的，这样美好的夜晚是少不了歌舞美酒、文人墨客、诗词歌赋的。

在皇帝的允许下，宋朝的士大夫们是可以一起开 party 的。今日来我家做客，后日他在酒馆请客，酒楼、小酒馆都成了他们流连忘返的地方。

而当时的晏殊却不在这群人之中。

他在做什么？

当然是学习啦。

及为馆职，时天下无事，许臣幕择胜燕饮。当时侍从文馆士大夫各为燕集，以至市楼酒肆，往往皆供帐为游息之地。公是时贫甚，不能出，独家居，与昆弟讲习。（《梦溪笔谈》）

看看，人家正在家中和弟弟一起学习呢，跟那种在外面喝酒唱歌的"腐败"官员们可不一样。

真宗知道这件事之后非常感动，立马就将他选为太子的讲官。太子可是下一任的皇帝，而太子的老师则是影响其一生的人。可以说这个位置是非常重要的，同时也是炙手可热的。

大臣们得知这个消息，全都蒙了：怎么会，皇上怎么会选这个默默无闻的人？毕竟大家在酒席上很少见到晏殊，不是很熟悉。

真宗解释说："朕知道，你们上完班之后就都出去玩了，只有晏殊一个人在家里跟兄弟一起学习。所以，朕为什么选他，你们心里没有点数吗？"

众臣无言以对。

晏殊上任之后，有机会见到真宗，真宗当着他的面又把他夸了一通。

皇帝的夸奖，多么难得啊。一般人会是什么反应？感恩涕零，跪下来叩谢呀。矜持一点的，也会说一下"皇上我没有那么好啦"，然后谢恩。

但我们之前也说过了，晏殊患有诚实综合征，不说实话不舒服，不管拆谁的台，反正自己心里得痛快。

晏殊：我就是这样一个诚实的人。

当时，晏殊在听了真宗的一番夸奖之后，沉吟片刻，说道："有句实话，不知臣该不该讲。"

真宗："打我脸的话就不必讲了。"

晏殊："不，臣还是要讲。其实不是臣不想出去玩，是因为臣实在是太穷啦。要是臣有钱的话，肯定也会出去玩的。"

真宗（自行挽尊）："嗯，爱卿真是一个耿直的少年，朕就喜欢你这一点，你以后一定能够成为祖国的栋梁之材的，朕看好你哦。"

公既受命，得对，上面谕除授之意。公语言质野，则曰："臣非不乐燕游者，直以贫无可为之具。臣若有钱亦须往，但无钱不能出耳。"上益嘉其诚实、知事君体，眷注日深。仁宗朝，卒至大用。（《梦溪笔谈》）

针对晏殊的解释，也有人说："人家晏殊其实是为了给那些大臣们留一些面子，所以才这样说的。中国好文人都喜欢清贫的生活，才不喜欢开 party 这种事情呢！"

NONONO，晏殊说的都是真心话。

他真的是因为穷所以才没有出去玩的，毕竟当他有钱之后，就成为了 party 之王。当然，这是后话了。

晏殊生性诚实这点是没法反驳的，就连他的门生欧阳修也在《跋晏元献公书》中赞道："公为人真率，其词翰亦如其性。"

而事实证明，真宗确实有看人的眼光。

真宗：那是，也不看朕当皇帝这么多年了。

在晏殊的教导下，太子成为一代明君——仁宗。仁宗在位的四十年被称为"仁宗盛治"，宋朝在这段时期达到全盛。

得罪一人又如何，暂去且吟长笑歌

晏殊的诚实，在真宗面前是非常管用的，因为真宗是一个仁慈的皇帝，他对有才之人都有包容之心。但并不是所有人都如真宗一般，在晏殊不知道的时候，就有人拿小本本记下了他的名字，就等着某个时刻发作呢。

上疏论张耆不可为枢密使，忤太后旨。坐从幸玉清昭应宫从者持笏后至，殊怒，以笏撞之折齿，御史弹奏，罢知宣州。（《晏殊传》）

太后想要让张耆当枢密使，晏殊觉得不行。他也不管张耆是谁的人，立马上疏。

这可把太后气着了：看来这小子是存心刁难我呢，来人啊，将晏殊盯好了！

可不巧，晏殊前往玉清昭应宫时，仆人在他之后才赶到。这可把晏殊气坏了，用笏板撞他，没想到仆人的牙齿被打掉了。

晏殊：居然还有人用牙齿来碰瓷？！

御史大夫：好机会！

当时就上奏弹劾晏殊：这样暴力的一个人，不能留，不能留。

于是，晏殊有了第一次贬谪生涯。

万事开头难，不，是祸不单行，有了第一次贬谪，就会有第二次。

太后谒太庙，有请服衮冕者，太后以问，殊以《周官》后服对。太后崩，以礼部尚书罢知亳州，徙陈州，迁刑部尚书，以本官兼御史中丞，复为三司使。（《晏殊传》）

太后："小晏啊，哀家要去拜谒太庙，大家都说哀家穿衮冕（古代皇帝及上公的礼服和礼冠）最配，你怎么看呀？"

晏殊（毫无眼色）："回禀太后，您穿什么《周官》里面不是写着么？难道您心里会没有数？"

太后再次拿小本本记上了：哼，我死也不会放过你的！

一语成谶，太后真的死了，晏殊也真的再次被贬了。

当第二次的贬谪来临时，第三次还会远吗？

不远，晏殊以亲身经历告诉你，一点都不远，升贬只在一瞬间。

庆历四年（1044 年），是晏殊当丞相的第二年，起起落落已经是常事，大家不必大惊小怪。晏殊支持新政，给皇帝送来了很多外挂，欧阳修就是其中的代表。

这可让敌方队友不服了：不行，让他们这样搞下去，我们还打不打了？

于是，孙甫、蔡襄弹劾晏殊撰修李宸妃墓志等事，晏殊第三次被贬。

孙甫、蔡襄上言："宸妃生圣躬为天下主，而殊尝被诏志宸妃墓，没而不言。"（《晏殊传》）

科普一下：李宸妃其实是当时的皇帝宋仁宗的亲生母亲，"狸猫换太子"的受害者。她死后，晏殊曾接诏为其写墓志铭，不过我们的耿直 boy 晏殊什么都没有做。

为什么呢？因为当时仁宗的表面母亲——章献太后还活着呢。当着她的面承认李宸妃的身份，这不是打她脸么？而且，这种事情，说出去也只能成为皇家八卦，成为吃瓜群众的最爱。

不妥，不行，做不得。

于是给了政敌弹劾他的机会。

其实，对于古代当官的来说，谪迁就像家常便饭。看看李白、苏轼，他们的人生轨迹就像开了任意门一样，谪迁随处可见。与他们相比，晏殊的人生就像开了挂一样，被贬次数一个手指都数得过来，超幸运的好吗？

但是，细数下来，晏殊从十四岁进入官场，为官时间差不多五十多年，而外放的时间就长达十六年。什么概念？就是有三分之一的时间他都在被外放，其实很惨了。

不过他的诗很少有愤慨悲伤的，这大抵是因为他，看得开吧。

热搜不是你想上，想上就能上

晏殊在当了丞相之后，盛名在外，很多想要进入官场的读书人，都喜欢来跟他交个朋友，拉点关系，在他的朋友圈混一下眼熟。

殊平居好贤，当世知名之士，如范仲淹、孔道辅，皆出其门。及为相，益务进贤材，而仲淹与韩琦、富弼皆进用。（《晏殊传》）

有一天，晏府来了一位客人。

这位客人可不是普通人，他就是奉旨填词的柳三变——柳永。当年他因写词得罪皇帝，无缘官场，只能放荡于江湖，嬉戏于脂粉之间。但是，哪一个读书人不想手握权力，不想在政坛上留下浓墨重彩的一笔呢？当官，是当时每一个读书人的梦想。

在柳永五十岁左右，仁宗开设恩科，扩招了。柳永这才有机会通过考试，当了进士。

柳永：哈哈哈，我柳某人终于要走向人生巅峰了。

然而，并不能。

在走程序般地担任了一些低级官员之后，六十岁的柳永重回京城（这是当时的规矩，在官员任满三届九年之后，要回京参加考核）。在京城待了大半年，柳永发现自己根本被遗忘了。

不甘寂寞的柳永于是为仁宗写了一首生日贺词求关注：

醉蓬莱·渐亭皋叶下

渐亭皋叶下，陇首云飞，素秋新霁。华阙中天，锁葱葱佳气。嫩菊黄深，拒霜红浅，近宝阶香砌。玉宇无尘，金茎有露，碧天如水。

正值升平，万几多暇，夜色澄鲜，漏声迢递。南极星中，有老人呈瑞。此际宸游，凤辇何处，度管弦清脆。太液波翻，披香帘卷，月明风细。

仁宗：哼，"渐"字不吉祥朕也忍了，还有几分真宗挽词的意思。这哪里是贺寿，是来挑事的吧？这个柳永，永不录用！

柳永这心拔凉拔凉的，这拍马屁总能拍到马腿上，有史以来他是最倒霉的一个了吧。

不过，上帝为你关上了一扇门，肯定会为你开一扇窗的。

柳永还是很乐观的，他找到了同为词人的晏殊，想着不管怎样，搞点小新闻出来，上了热搜之后，说不定能让仁宗看到自己的价值。

晏殊知道柳永求见，倒是很客气地让人将他请了进来。

两人见面，晏殊温和地问道："贤俊，不知道你作不作曲子？"

柳永心中窃喜，这不是问到自己的老本行了？不过仍克制微笑："作的，跟您一样，平时会作一些曲子。"

晏殊露出礼貌的微笑，直接来了一个会心一击："我虽然作曲子，但是我不作'针线慵拈伴伊坐'这样的句子。"

柳永坐不下去了，溜了溜了。

柳三变既以词忤仁宗，吏部不敢改官，三变不能堪，诣政府。晏公曰："贤俊作曲子么？"三变曰："只如相公亦作曲子。"公曰："殊虽作曲子，不曾道：'针线慵拈伴伊坐。'"柳遂退。（《画墁录》）

好歹也是文人圈混的，晏殊可是半点面子都不给，直接揭柳永的老底：我虽然写词，但是我们不一样。我可不会一边说我不喜欢功名，一边去寻求功名。我也不会厮混在妇人之间，写的都是给妇人们看的词。

很直白了，有没有？

这下柳永根本没脸再开口，热搜什么的，自然是没戏。

看不惯的人根本就不惯着，这倒是诚实综合征患者——晏殊的作风。

富贵丞相的精致生活

欧阳修曾说晏殊是"富贵优游五十年"，吴世昌先生也评价其为"唯大晏身历富贵，斯能道富贵景象"。虽然人生有起有落，但是不管身处怎样的环境之中，晏殊都秉承着"要做一个精致的猪猪男孩"的理念。

生活富贵从PARTY开始

在介绍晏殊的精致生活之前，先来一个冷知识科普：宋朝不仅夜生活很丰富，商业服务业也跟得上人们玩耍的步子。只要你有钱，就能够为所欲为地找人来帮你准备酒席。当时承包酒席的是一个叫作"四司六局"的机构，这是一个有组织有纪律的机构。这个机构分工细致：专门掌管各种陈设的，叫作帐设司；专门掌管茶汤、热酒、安排座位、迎送的，叫作茶酒司；专门负责烹饪的，叫作厨司；负责传递杯盏碗碟的，叫作台盘司；食品是由果子局、蜜煎局和菜蔬局共同负责；灯烛、香料以及事后的清理工作，则是由油烛局、香药局和排办局共同承包。

一条龙服务，科学效率，比现在的海底捞都要周全完善。

不过，这与晏殊的精致生活有什么关系呢？当然有，而且还很密切呢。

因为啊，富贵宰相晏殊，他是一个party之王。如果没有这些机构来承包他的酒会，那么他一个人也招呼不过来呀。所以说，四司六局很重要。就跟现在的餐馆加美团一样，我们离了它就不行，晏殊离了四司六局也会不行的。

晏殊的生活观念是"人生行乐耳"。大家先别乐，别以为自己和他不谋而合也就成了什么了不起的人物。人家可是"自少笃学，至其病笃，犹手不释卷"。

虽然喜欢享乐，但是人家克制，该玩玩，该学学，绝不含糊。若是以为自己做到前半部分就成功一半的人，那你这辈子跳起来也只能摸到他的膝盖了。

晏殊喜欢热闹，经常办酒会邀请朋友一起饮酒作词。虽然有钱，但是人家不显摆，唯一的花钱爱好就是请客吃饭，你说，这样的文人，谁能不喜欢呢？

当然是比较穷的文人了。

在很多人的眼中，文人就是清苦穷酸的代名词，一旦纵情于酒宴，就会与其他人格格不入。但是，晏殊并不在意这些，就如他与人交往时一样，诚实待人，诚实待己。自己喜欢，又有何不可呢？

有一年冬天，雪势来得凶猛。西北边境正值战乱，四十万士兵远离家人，在冰天雪地里顽强抵御外敌。

晏殊一觉醒来，看到大雪满园，兴奋地从被子里跳了出来。"啊啊啊，大雪啊，是大雪！"他冲到庭院，在雪里撒欢般蹦跳，开心得像个孩子。

论南方人见到雪之后的正常反应。

就在晏殊自 high 的时候，欧阳修来访。欧阳修比晏殊小十八岁，当年参加礼部考试时，主考官正是晏殊。晏殊欣赏欧阳修的才华，将他定为"省元"（第一名）。欧阳修感激晏殊的知遇之恩，一直将他当老师一样对待。

此次欧阳修前来，是因为担心老师操心战事，太过辛劳。

没想到，是他欧阳修想太多了，晏府里欢声笑语不绝于耳，热闹非凡堪比过年，完全看不出晏殊有半点苦恼的样子。

晏殊见到欧阳修，还热情地招呼："你来得正好，我们来赏雪饮酒，好不快哉！"

欧阳修一脸茫然：不对啊，不应该啊，现在西北战事正紧，老师怎么能够这么快乐呢？现在是喝酒的时候吗？

任是美酒香醇，美景宜人，欧阳修根本无心品尝和欣赏。

晏殊："小修啊，你是不是有什么心事？难道还有事情比赏雪更重要？"

欧阳修："老师啊，现在有什么事难道您不清楚吗？西北还在打仗呢，您在这里喝酒享受，实在是辣眼睛。"

晏殊被打扰了雅兴，不太高兴，不过作为老师，他怎么能和学生一般计较呢？当时，他什么都没有说。

只是默默记下了仇。

后来，晏殊跟人说："这人好没情趣，赏雪的时候就该好好赏雪，打仗的时候再好好打仗，怎么能够混在一起呢？天下总有人在受难，要总想着他们，那活得多没劲！"

庆历中，西师未解，晏元献公殊为枢密使，会大雪，欧阳公忠文与陆学士经同往候之，遂置酒于西园。欧阳公即席赋《晏太尉西园贺雪歌》，其断章日："主人与国共休戚，不惟喜悦将丰登。须怜铁甲冷彻骨，四十余万屯边兵。"晏深不平之，尝语人日："昔日韩愈亦能作诗词，每赴裴度会，但云'园林穷胜事，钟鼓乐清时'，却不曾如此作闹一。"（《东轩笔录》）

不过晏殊虽然不喜欧阳修的不合时宜，但是该举荐的时候一点也没有含糊。庆历三年（1043 年），晏殊还推荐欧阳修为谏官。不过晏殊在庆历四年被罢相，却是因为在欧阳修是留在京城还是外任的问题上被人弹劾……

孽缘啊，孽缘。

自此，晏殊对欧阳修的态度一直不怎样。欧阳修发现老师在疏远自己，真的好委屈，在皇佑元年（1049 年）给晏殊写了一封信：

"相公始掌贡举，修以进士而被选抡；及当钧衡，又以谏官而蒙奖擢。出门馆不为不旧，受恩知不谓不深。然而足迹不及于宾阶，书问不通于执事。岂非漂流之质愈远而弥疏，孤拙之心易危而多畏？动常得咎，举辄累人。"

里面有对晏殊的感激，但更多的是委屈和抱怨：嘤嘤嘤，老师你要远离我吗？实在是太让人伤心了……

收到信时，晏殊正和宾客在一起（没错，不 high 不自在），为人耿直的他也毫不遮掩：是时候该斩断孽缘了！

晏殊道："文书帮我写回信就好了。"

宾客："这样真的好吗？欧阳修可是粉丝满天下的偶像，你这样做可是会被他的粉丝黑的。"

晏殊："无妨。"

心里对欧阳修的不喜欢真是一点都藏不住，被黑又怎样，反正他就是这样的一个诚实综合征患者。人们想看到有生之年两大才子的和解或是文坛上最闪耀的巨星一笑泯恩仇之类的事情并没有发生。

最终留下的，也只有《邵氏见闻录》中记载的一句话：："晏公不喜欧公。"

作词最重要的是富富贵贵

晏殊喜欢酒宴，他的诗词中也毫不避讳对这些场景的描写，比如"为别莫辞金盏酒，入朝须近玉炉烟"（《浣溪沙》），"新酒熟，绮筵开。不辞红玉杯"（《更漏子》），"斟美酒，祝芳筵，奉觥船"（《诉衷情》）……在他的诗句中，"金尊""金盏""玉杯""玉碗"等财大气粗的词语出场率非常高，倒不是像某些小说中故意地炫耀，而是因为这些场景已经成了生活。在席间作词之时，信手拈来，一篇贵气十足的词章就这样诞生了。

毫不掩饰自己的有钱，描写的时候又好清纯好不造作，这应该得益于晏殊顺风顺水的人生。

晏殊：忘了我长达十六年被贬谪的日子了？

柳永：对比一个常年都不在线的人你敢说你不是顺风顺水？

没错，相比于其他诗人，晏殊的日子是相当滋润的，幸福感在诗人或是历代当官的人当中，可以说是排在前十了。所以他的诗句带着浓浓的清新文艺感，情绪藏在诗句之中，无"剑外忽传收蓟北，初闻涕泪满衣裳"这样的大喜，也没有"十年生死两茫茫，不思量，自难忘"这样的悲痛，只有淡淡的情感，如过眼云烟，又如惊鸿一瞥，不留痕迹，却又存在过。

在晏殊的诗词中，他不会去解释自己的伤感，也不描述自己的心路历程，又或是如何释然。他歌"闻琴解佩神仙侣，挽断罗衣留不住"的惆怅，但是却没有人能知道他的秘密：那个喜欢的女子，到底是小红还是小芳。他将情绪隐秘地藏在燕子杨花、黄昏碧树之中，言情又制情，含而不露，蕴藉隽永，看似与他耿直的个性有些出入，但实际上，倒是相得益彰。

士大夫受中庸思想的影响，所以在各方面一向含蓄，作为表率的晏殊，可不能让人看了笑话。不过，耿直 boy 晏殊可以用委婉的词句，来隐形达到炫富，不，是纪实的目的。

在谈及晏殊的诗词之前，得先说说他对诗词的一些看法：

晏元献公喜评诗，尝曰："'老觉腰金重，慵便枕玉凉'，未是富贵语；不如'笙歌归院落，灯火下楼台'，此善言富贵者也。"（《俭学规范》）

像"老觉腰金重，慵便枕玉凉"这种诗句，晏殊是瞧不上的，觉得这像暴发户写的一样，还不如白居易的"笙歌归院落，灯火下楼台"，不带一个"金""玉"但是热闹繁华之气扑面而来。

类似的例子也有他评价李庆孙《富贵曲》中的两句"轴装曲谱金书字，树记花名玉篆牌"，并将之与自己的"楼台侧畔杨花过，帘幕中间燕子飞"相对比。

晏殊："平常人家有这样的湖景房吗？能看到这种美景吗？不用'金玉'老夫照样能写出富贵生活……"

这种不露痕迹地炫富，我只服晏大大一人。

路人：这不是双标么？别人用"金""玉"这种词就说土气，他自己不是也用了很多吗？

确实，晏殊的词中有很多地方都用到了这两个字，但不是因为他双标，而是因为在当时词并不是什么上得了台面的东西，所以随便写写只为好玩。

"平生惟好读书，坐则读经史，卧则读小说，上厕则阅小词。"（《归田录》）

对当时的宋朝人来说，小词是消遣读物。

还有就是诗词中描写带有"金""玉"的场景本就是晏殊生活的原貌，为了记录生活，也只有加上这两个字了。

不过对晏殊来说，最高级的写实描写是不带"金""玉"二字的，比如说"梨花院落溶溶月，柳絮池塘淡淡风"。

小院，梨花；月光，绵长；柳絮，池塘；清风，和畅。

你就说这场景美不美！高端不高端！

不含一个炫富的词语，但是一看就是富贵人家。

不愧是富贵宰相，炫富都是这么有腔调。

晏殊一生多是富贵，这是他诗词中带有富贵的基础；而他本人也喜欢富贵气象，这也造就了他词风淡然浅白的风格。

很多人都说他的词没有太多内涵，没有反映现实，没能鞭笞实事，不够现实、犀利、深刻。但是他有他的风格，一样的夕阳楼台燕子天涯，没有人能够写出他给人的感觉。

舒适，明快、清新、自然，优雅富贵却不轻浮夸张。他从来都不需要有人记起，只要自己一生欢喜便是最好。

姚广孝

YAO
GUANG
XIAO

佛系精神分裂作乱史

文 / 言七苦

说起和尚，相信大家都不陌生，只是从《大话西游》里絮叨"人是人他妈生的，妖是妖它妈生的"的唐僧，到《白蛇传》中高喊"快到钵里来"的法海，我们对和尚的印象基本上免不了这几个词——啰唆，无趣，注孤生。

然而凡事都有例外，比如明朝的黑衣宰相：道衍和尚。

纵观我国历史，明朝无疑是个出猛人的时代——朱元璋草根出身逆袭称帝、朱棣逼侄篡位征战四方、三宝太监下西洋、王阳明开心学大成、戚继光发明鸳鸯阵法抗倭……因此，后代史学家说起这个朝代，都要夸上一句："社会我明朝，猛人当自傲。"

在这些猛人中，有个奇葩一枝独秀。首先他是个吃斋念佛的和尚，其次他策划了靖难之役，帮助燕王朱棣推翻侄子建文帝夺得皇位，可谓是走上了一个和尚不应拥有的事业巅峰。

姚广孝，幼名天僖，法号道衍，字斯道，又字独暗，号独庵老人、逃虚子，明朝佛学会高级顾问、政治集团荣誉大佬。如此野心勃勃的和尚，假如让他跟唐僧来一场隔空对答，场景应该是这样的——

唐僧："我们出家人，要四大皆空、六根俱净，红颜色相皆是白骨，荣华富贵也是浮云，吃斋念佛为心静，安分守己是正途，法师如果寂寞空虚冷，不如贫僧今晚与你梦中神交谈谈阿弥陀佛怎么样？"

道衍："只做一个寂寞空虚冷的和尚根本不能体现我的智慧，何况我除了造反也没什么不良嗜好。"

姚广孝，长洲人，本医家子。年十四，度为僧，名道衍，字斯道。事道士席应真，得其阴阳术数之学。尝游嵩山寺，相者袁珙见之曰："是何异僧！目三角，形如病虎，性必嗜杀，刘秉忠流也。"道衍大喜。（《明史·姚广孝传》）

道衍俗家姓姚，老爹是个悬壶济世的医生，可能是因为医患纠纷或者职业倦怠，把年仅十四岁的儿子送进了和尚庙（照当时的香火观念推测，在下认为这爹跟儿子中怕有一个是捡的），从此以"道衍"称之。

这法号有点意思，"道衍"意为冥冥之中万事已由天命注定，人力不可抗，天意不可违。不管给他起法号的老禅师怎么想，正值中二期的少年道衍就这么信了——贫僧要顺应天意。

都说命由天定、相由心生，道衍早年游览嵩山寺的时候，在路边摆摊看相混饭吃的耿直BOY袁珙只在人群中多看了他一眼，顿时心都飞了出来，高喊道："对面的和尚看过来！你看过来！看过来！"

道衍回眸一笑："施主要约什么？贫僧乃出家人，身无黄白之物。"

袁珙："别闹，我是个正经的相士，看你长得奇特，忍不住跟你说说。"

道衍："贫僧本无意与众不同，奈何老天让我气质出众……来吧，尽情夸我帅，贫僧绝不脸红。"

袁珙："一对三角目，活似病老虎；天性好杀戮，秉忠（刘秉忠）之同路。"

道衍："夸得好，我喜欢。"

袁珙："无语……"

刘秉忠是什么人？元代著名政治家、文学家。初名侃，字仲晦，号藏春散人，爬墙信佛教后改名子聪，任官后而名秉忠，在元初政坛上拥有举足轻重的地位，死后被追封为太师，是个相当牛的人物。

道衍觉得这看相的果真有眼力，将自己比为刘秉忠之流，说明自己以后是要干大事的人啊！

就这样，道衍和尚开始谋划他的事业之路。表面上在寺庙里敲木鱼解签文，脸上笑得平易近人、和气生财，但暗地里内心毫无波动且有了自己的小九九。所谓庙小容不下大菩萨，说的就是他这样事业心强到开始精神分裂的和尚。

然而在那个年代，干大事也是要找好方向的，尤其是和尚这个不对口的专业。一直到洪武十五年（1382年），马皇后病逝，道衍随多位高僧为之诵经祈福，才等来了良人，啊不，是明主——燕王朱棣。

高皇后崩，太祖选高僧侍诸王，为诵经荐福。宗泐时为左善世，举道衍。燕王

与语甚合，请以从。至北平，住持庆寿寺。（《明史·姚广孝传》）

朱棣："法师，我很欣赏你的才华和内在美，我有钱有权有势力，关键还是长得帅的皇二代，约吗？"

道衍："约约约！"

大明搞事二人组的历史性会面，达成。

贫僧造反顺应天意

洪武三十一年（1398年），明太祖朱元璋驾崩，建文帝朱允炆继位。作为一个根正苗红的皇三代，建文帝在自己老爹死后不仅深得圣眷，还越过他的皇二代王叔们抢先登上了皇帝宝座，成功升级为藩王们的眼中钉肉中刺，草人都不知道扎了几百个。

朱允炆也是个有意思的人，他一面重文儒以仁德治国，一面实施削藩之策，对自己的亲叔叔们下手颇狠。周王朱橚、湘王朱柏、代王朱桂、齐王朱榑、岷王朱楩先后获罪被废，气得燕王朱棣暴跳如雷，一边恨不能冲到京城去用鞋底抽他脸，一边又担心下一个遭殃的就是自己，就打算先下手为强，让这个侄儿知道马王爷有几只眼。

可是造反并非小事，就算朱棣是皇亲，搞不好也会落得全部身家搭进去的下场。就这样，朱棣琢磨了两天，派人去请来了自己的心腹们。

然而作为BOSS，一定要懂得如何在属下面前装，这突然请人上府，不能张口就来句"我要造反，各位怎么看"，因此朱棣看到窗外的冰柱，出了个上联："天寒地冻，水无一点不成冰。"

在座大半武将表示听不懂老板的画外音，只有道衍深谙职场心理学，秒懂他的意思——"冰"字与"兵"谐音，燕王这是想搞大事情了啊！

于是道衍激动难耐地回应了他："国难民愁，王不出头谁作主。"

"王"字出头一点便是"主"，与加点成"冰"的"水"字对应，上联隐意是起兵，下联内涵是更进一步的主宰，因此从字面到内涵都可谓严丝合缝，而道衍言外之意就是告诉朱棣："老板你别纠结了，造反啊当老大啊，撸袖子抡菜刀地干啊！"

系统提示：朱棣对道衍的好感度 +10086，恭喜两位达成【莫逆之交】！

　　出入府中，迹甚密，时时屏人语。及太祖崩，惠帝立，以次削夺诸王。周、湘、代、齐、岷相继得罪。道衍遂密劝成祖举兵。成祖曰："民心向彼，奈何？"道衍曰："臣知天道，何论民心。"乃进袁珙及卜者金忠。（《明史·姚广孝传》）

　　对完上下联后，道衍和尚在朱棣心里的地位立马不一样了，就连那双总闪着诡异光芒的三角眼也变得深不可测。但是他还有一个顾虑，那就是这年头老百姓都封建得很，朱允炆没有跟桀、纣一样暴政作死，自己出兵造反名不正言不顺。老百姓都向着朱允炆，说不定到时候就给他满地挖陷阱，背后扔粪蛋，这可咋整？

　　他把这事儿跟道衍一说，没想到这和尚的精神分裂表现得更加明显了。

　　出家人讲究个慈悲为怀，哪怕是面对广大愚民也要微笑着普度众生，可道衍闻言不过邪魅狂狷地一笑："臣只知道天道，不论民意。"

　　没错，王爷您起兵造反是老天注定的，贫僧帮助您是顺应天意，其他的人想要阻拦那就是逆天而行，不必等咱两下地狱，他们就先死啦。

　　朱棣被他这侧漏的霸气震住了。

　　道衍："王爷不要怕，贫僧是人畜无害的出家人，不如给您引荐几个精通奇门之术的小伙伴咋样？"

　　朱棣："给本王来一打！"

　　系统提示：相士袁珙、卜者金忠加入燕王府，恭喜朱棣获得资深神棍队友 ×2。

　　三个神棍日夜轮班地忽悠，张口闭口都是"王爷您造反顺应天意，老天爷都帮您"，其效果比三千只鸭子在耳边高唱征服还要可怕，因此立场本来就动摇的朱棣被成功洗脑了，一咬牙一拍腿，老子要造反了！

　　于是朱棣结党营私，网罗江湖好手，勾结当地部队，还把自己家的后院都给改造成了私家练兵场和地下武器营。可是这成天"噼里啪啦"的噪音连聋子的耳膜都受不了，别说左邻右舍，路人都有意见了，这不相当于昭告天下说燕王在家干些见不得人的勾当？

朱棣："法师，我现在正式升你做军师，快想个招啊！"

道衍："王爷放心，贫僧已经叫了个鸡……场。"

因此当官员接到举报来调查燕王府噪音污染问题的时候，跑马声都被嘈杂不已的鸡鸭鹅吵闹声盖过，那叫声真可谓此起彼伏、节节拔高，道衍大师稳坐"鸡场"内诵经祈福，雷打不动。

道衍一边掩护，一边还不忘充分利用自己的才能帮朱棣训练兵马，连地穴内的军资打造都要亲自过问，可谓是兢兢业业、鞠躬尽瘁，放在现代绝对能被评选为年度十佳好员工。

朱棣忍不住心想，要是他手下所有员工都跟道衍一样聪明能干还敬业爱岗，那别说是造反，他都想试试翻天了。

然而，现实给了朱棣当头棒喝——燕王府祸起萧墙。

建文元年六月，燕府护卫百户倪谅上变。诏逮府中官属。都指挥张信输诚于成祖，成祖遂决策起兵。适大风雨至，檐瓦堕地，成祖色变。道衍曰："祥也。飞龙在天，从以风雨。瓦堕，将易黄也。"兵起，以诛齐泰、黄子澄为名，号其众曰"靖难之师"。道衍辅世子居守。（《明史·姚广孝传》）

公元 1399 年 6 月，一个叫倪谅的护卫百户不知道是被拖欠了工资还是看上了督察使的小姨子，突然间上奏举报了燕王府要造反的秘密。建文帝一听这可不得了，必须得严查，下令要抓燕王府中的人审问。不过老天爷总是公平的，燕王府这边出了个爬墙的倪谅，建文帝那边出了个叛变的都指挥张信。张信想跳槽到朱棣那边很久了，得到这个消息后赶紧转达给燕王府表忠心。朱棣一看，心想："老子还没打起来呢，建文小儿你居然就要先抓我全家？"

朱棣当晚就召集了自己的心腹班子开会，做了一番激情演讲后，终于砸桌子抛出了重点——老子要造反，立刻造反！

他话音刚落，窗外突然传来电闪雷鸣之声，顷刻间风雨交加，屋檐上的瓦片都被吹落砸下，吓得屋里一帮大汉抖似筛糠，燕王更是脸色大变。

其实吧，这事儿有点科学常识的人都知道是再正常不过的自然现象，尤其古代不仅避雷针连混凝土都没有，别说掉块砖，就算房梁垮了都是小 case。

奈何做反贼的心虚，最怕空气突然安静。

朱棣：现世报这么快？老子平时也没少给贫民施粥发棉被积攒人品啊！老天你不厚道，这样会让他们以为跟着我干就要被天打雷劈的！

就在这个时候，道衍突然掀翻桌子站了起来。

这老和尚平时不说安静如鸡，至少也是个能少说话就闭嘴装深沉的存在，现在激动得满脸通红仿佛磕了炫迈，双手指着天抖个不停，乍看活像犯了帕金森综合征。

朱棣："大师你犯病了？药不能停啊！"

道衍表示自己虽然间歇性精神分裂但是从来没有放弃治疗，会这么激动纯粹是因为看到了天降吉兆。

众人：我们就静静地听你吹牛。

道衍以三寸不烂之舌，硬生生把这场坠瓦事故说成是有龙在天上飞，这么大阵仗的风雨就是在为它护驾，瓦片掉下来是代表天易黄屋，说明老天爷支持朱棣造反，他命中注定要当皇帝了！

这种满嘴封建迷信扯犊子的江湖骗子，放在现代估计也只能去天桥底下摆摊挣个仨瓜俩枣，不过在当时，大家根本不关心到底是不是吉兆，有个心理安慰比啥都好。因此道衍话音刚落，一干人等就扯着嗓子应和起来，让朱棣心怀安慰。

俗话说得好："树靠一张皮，人靠一张脸。"无论古今，唾沫星子戳脊梁骨的感觉总是不好的，朱棣虽然想造反，那也得有个正当名头。可建文帝一没后宫三千夜夜笙歌，二没焚书坑儒滥杀无辜，论"昏庸"二字古往不知多少皇帝能甩他 10 条王府井大街那么远，这名头该怎么找呢？

这就又到了道衍表演的时候，老和尚眼观鼻、鼻观心，淡定地说道："昔年太祖皇帝有训——'朝无正臣，内有奸恶，则亲王训兵待命，天子密诏诸王统领镇兵讨平之'。"

言下之意就是说：王爷您就别嚷嚷着要造反，而应该说当今天子年少昏聩，听信奸臣谗言，亲小人远君子，使得朝纲混乱、百姓苦业，您作为太祖皇帝的亲儿子、当今皇帝的亲叔叔，有责任去把侄儿身边那些奸贼都咔嚓了，这是名正言顺的事情啊！

所有人先是被他的无耻震惊，接着就被他的机智折服，最终全票通过此提议。

七月，燕王朱棣在北平誓师，扯着太祖皇帝遗训做幌子，打出"清君侧，靖内难"的旗号。别说建文帝朱允炆想问候朱棣何时原地爆炸，恐怕朱元璋的棺材板都快按不住了。

就这样，一场轰轰烈烈的造反战争正式开始，史称"靖难之役"。

本军师有特殊的解围方式

作为朱元璋最出色的儿子，朱棣就藩北平已经二十多年，还曾经带兵深入漠北打退敌军，在北方军队中威望很高。本来许多人就不满年轻又无政治经验的建文帝，这下子一听朱棣起兵了，二话不说就跟他干，可谓是一呼百应。

朱棣以"靖难"的名义，挥师打向南京，道衍作为一个战五渣还血皮脆的智囊人物，机智地选择留守北平坐镇后方，一来免了舟车劳顿之苦，二来还能防止朱棣被人抄了老窝截断后路。

也不知道这和尚到底是真神棍还是乌鸦嘴，靖难大军离开不久，北平就真出事了。

其年十月，成祖袭大宁，李景隆乘间围北平。道衍守御甚固，击却攻者。夜缒壮士击伤南兵。援师至，内外合击，斩首无算。景隆、平安等先后败遁。（《明史·姚广孝传》）

这里要说到一个人——李景隆。

李景隆，曹国公李文忠之子，袭爵入军，常奉旨出京练军，还曾经参与削藩事宜，因此颇受建文帝重用。此人以知兵著称，如同明朝版本的赵括，属于眼高手低的典范，为朝中有功有能的老将所不喜。建文帝却在朱棣起兵后吃了黄子澄的毒安利，提拔他为大将军，率领百万军士平乱。

建文元年九月，李景隆在德州通过张贴小广告、广发路边传单、派遣信使等方式召集各路兵马，准备抄朱棣的老窝。前面说到朱棣不仅是个王爷还是猛将大帅，他对于李景隆这种纸上谈兵的弱鸡可谓是非常鄙视，半点也不将其放在眼里，屁颠屁颠地带着精锐大军去援救永平、奔袭大宁，只留了大儿子朱高炽和军师道衍坐镇北平。

朱高炽面对城外数十万大军如吞了山大的鸭梨，一面焦头烂额地调兵遣将，一面去找道衍虚心求教，说大师您这么神不如掐指一算看我能活到九十九不?

道衍表示贫僧不算卦，这专业不对口啊，但是北平不会破，世子你不必担心。

朱高炽：“那我该怎么办呢?”

道衍：“兵来将挡水来土掩，简而言之就是一个字——守。”

朱高炽：“我有一句脏话不知当讲不当讲……”

李景隆一听说朱棣去征服星辰大海暂时不回来了，立刻率军围困北平。不过骄矜的菜鸡也是菜鸡，他求胜心切又冒军突进，几次攻城都无功而返，把水攻、火攻、云梯甚至地道战都用了个遍，结果没有任何作用，反而差点被燕军玩坏，里子面子都摇摇欲坠。

幸亏建文帝还派给他一个可用之人——都督瞿能。瞿能率奇军突袭，登城破门，为大部队打开了一条康庄大道。

不过寥寥千骑，破门已经是奇功，要想破城，那是人民币玩家也开不了的外挂，于是瞿能赶紧派人让李景隆率军接应，好一鼓作气拿下北平。

朱高炽：“守不住了怎么办?”

道衍：“别怕，我们有猴子帮忙请来的救兵……”

果然，在这个时候李景隆那脑回路就发挥作用了，他眼看北平这是要守不住了，害怕事后破城的大功劳都是瞿能的，自己不但没好处还没脸，必须得拖点后腿，反正瞿能可以破门，我也能。

于是他就给瞿能发了一封短信。

李景隆："天这么晚了，孤军深入怕是要被暗算，你先出来吧，我们明天一起破城……"

瞿能："我能怎么办我也很绝望……"

主帅再智障也是大爷，瞿能只能吞下一口老血走了，朱高炽和他的守城小伙伴都惊呆了。

就这么一夜，道衍重新安排守城部署，朱高炽亲自督人泼水结冰墙堵住缺漏，南军失去了绝佳的攻城机会。李景隆让大军在这严寒之地露天驻守许久，不仅延误战机，还使得兵卒冻死冻伤不少，硬生生等到了燕王率军回援，狼狈败退，此后几次战役均是惨败，折损南军数十万。

建文朝不知多少人联名上奏要求把李景隆砍了谢罪，就连黄子澄这个卖安利的都倒戈表示要打趴他，奈何朱允炆还是把六十万大军交给他，继续重用此人。若非脑子瓦特、眼睛瞎了，不然就是对他真爱。

不过南军将领绝不是只有李景隆这样的水货。建文二年十二月，燕军在东昌踢到了铁板——历城侯盛庸背城列阵，使燕军久攻不下，眼见战况僵持不利，朱棣亲自率军冲击，结果陷入重围，大将张玉为救主战死沙场。

成祖围济南三月，不克。道衍驰书曰："师老矣，请班师。"乃还。复攻东昌，战败，亡大将张玉，复还。成祖意欲稍休，道衍力趣之。益募勇士，败盛庸，破房昭西水寨。道衍语成祖："毋下城邑，疾趋京师。京师单弱，势必举。"从之。遂连败诸将于泅河、灵璧，渡江入京师。（《明史·姚广孝传》）

在东昌之战前，朱棣已经率军围攻济南三个月无果，道衍派人送信说军队已经疲惫了，请他班师回府。之后东昌战败，大将张玉阵亡，对朱棣来说是个极大的打击。他再次回师，想要休整一下军队，道衍这次却劝阻了他，让他不要气馁，赶紧招募天下勇士，毕竟三个臭皮匠赛过诸葛亮，就不信搞不死盛庸。

于是朱棣发出高薪高奖、五险一金、包结婚等具有跨时代意义的悬赏诱惑，果然招来了不少厉害的能人，合伙打败了盛庸，攻破了房昭西水寨。

没等朱棣松口气，道衍又给他提建议了。

道衍："王爷你一个城接一个城地打过去，虽然实在，可这得花多少时间啊，你是要造反当皇帝，又不是要证明你天下无敌，赶紧抄近道去攻打南京啊！建文帝把大军都交出来了，南京现在空得像个鸡蛋壳，你一巴掌都能拍碎了，还在这儿较什么劲？"

朱棣恍然大悟，于是面对来势汹汹的南军，他果断带人撒丫子跑路了，转头攻向泗河、灵璧，取道长江进入南京。

燕军逼近南军后很快取得了最终胜利，不过这其中有个人发挥了重大作用——李景隆。李景隆眼见大势已去，在兵临城下之际开金川门迎敌，致使南京城失守，史称"金川门之变"。

建文帝：爱卿，说好要做彼此的小天使呢？

继朱高炽之后，朱棣和他的靖难小伙伴也都惊呆了。

南京失守，皇宫大火，建文帝生死不明，靖难之役终于画上句号，朱棣登基为帝，改年号为永乐，史称明成祖、永乐大帝。

富有幽默感的明成祖在继位后还封了李景隆为太子太师，赐功臣勋号，加柱国（谐音"蛀国"，你们懂的），列于群臣之首，一路捧杀作，成了替自己和心腹臣子吸引火力的靶子。

然而，在真正论功行赏的时候，朱棣还是最看重道衍，授予他录司左善世的官职。

朱棣回忆自己往昔峥嵘岁月，在道衍出现之前，他所交往的大半都是四肢发达头脑简单的武夫，能打仗却不能定谋略出计划，整个团队中只有道衍能担起智囊重任。

哪怕是靖难之役这三年来，道衍镇守北平没有亲临战场，可每一次重大军事决策都靠他与朱棣的书信往来，可以说道衍在某种程度上拥有不下于朱棣的决策权，他才是真正的靖难第一功臣。

朱棣琢磨着功臣就该好好对待，可一个和尚天天吃斋念佛，就算给菩萨塑个金身也不是他能花的，因此他决定让道衍还俗。

朱棣："大师你还俗吧，朕给你荣华富贵，带你享受花花世界呀！"

道衍："阿弥陀佛，贫僧不约。"

没错，这一次道衍拒绝了他，在靖难之役中运筹帷幄、惊艳绝才的军师如今选择了继续做和尚。

不过皇帝都是任性的，在永乐二年四月，朱棣就下旨加封道衍为资善大夫、太子少师，为他恢复姓氏，赐名广孝。

> 成祖即帝位，授道衍僧录司左善世。帝在藩邸，所接皆武人，独道衍定策起兵。及帝转战山东、河北，在军三年，或旋或否，战守机事皆决于道衍。道衍未尝临战阵，然帝用兵有天下，道衍力为多，论功以为第一。永乐二年四月，拜资善大夫、太子少师。复其姓，赐名广孝。（《明史·姚广孝传》）

在精分的歧途上狂奔

朱棣和朱允炆的战斗是结束了，然而皇帝和精神病的拉锯战开始了。一个坚决要求大师还俗，另一个表示本出家人心如止水就是不还俗。朱棣大概也是个倔脾气，今天送个宅子明天送个宫女，道衍表示贫僧不要不要就是不要。或许是朱棣反复试验道衍是否有什么政治野心，而此人以袈裟做了保命的护符；也或许就是这两人君明臣贤，其乐融融。

这一阶段，道衍每天上朝的时候穿上朝服，退朝之后又换回僧衣，连住都是住在寺庙里。由于当时的僧衣是黑色的，所以道衍在后世又有个称呼叫"黑衣宰相"。说实话我觉得这名字听起来有点像刺客，猛一听还以为是大明邪教联盟的。可能古人就是觉得这名字很帅气吧，而且道衍此人发起病来危害也不比邪教差。

要说此人分裂到什么地步，那真是半面天使半面妖僧。一方面他出行苏湖地区赈灾，还回了一趟长洲老家将朱棣赏赐的黄金全部分给了宗族乡人，妥妥的视金钱如粪土。

然而另一方面，此妖僧又开始折腾儒家。除了协助编写的《永乐大典》《明成祖实录》之外，此妖僧自己还有一本独立著作《道余录》。如果说前面两个还是正经的史料，那么这《道余录》简直就是职业黑料。此书诋毁儒家往圣前贤，对整个儒家是无锤造谣，知道这本书的人就没有不膈应他的。

　　也正是如此，他前往苏湖赈灾的时候，姐姐对他闭门不见，故友更是决绝，不仅不肯见面，连话都是让别人捎给他一句"和尚误矣"。道衍不肯死心又去见姐姐，结果被一阵劈头盖脸地骂。大概他心如止水一心向佛的性格背后，显现的是唯我独尊轻视圣贤的野心。这一点在他年轻的时候就已经展露无遗。洪武年间，道衍经过著名国家级ＡＡＡＡＡ景区北固山。在这个三国有甘露寺招亲、唐朝有《次北固山下》、宋朝有《北固亭怀古》的著名文化宝地，道衍也是吟诗一首抒发志向，诗云：

谯樯年来战血干，烟花犹自半凋残。

五州山近朝云乱，万岁楼空夜月寒。

江水无潮通铁瓮，野田有路到金坛。

萧梁帝业今何在？北固青青客倦看。

　　诗是好诗，却实在不是个佛家弟子应该写的。同行的僧人宗泐也斥责他身为佛家弟子不该说这样的话，道衍笑而不语。

　　在靖难之役期间，道衍即使没有亲临沙场，身上也带着一股狠劲。然而这人狠了一辈子，病逝之前却突然为人求情。彼时道衍已是八十四岁高龄，仍居住在庆寿寺里。朱棣亲自探望他，他最后的遗愿却是希望朱棣释放涉嫌藏匿建文帝的僧人溥洽。此人已经被囚禁十余年，直到这时候朱棣应允了道衍的遗愿，才被释放。

　　或许是遗愿得以满足，不久之后，道衍病逝。朱棣闻讯之后哀伤不已，废朝两日。

　　此人一生可堪奇妙，一面是清心寡欲的和尚，一面又是建功立业的国师。若说佛道同源，道分阴阳，是否佛也有两面呢？

军师大起底测试卷

文 / 顾闪闪

题号	一	二	三	四	总分
得分					

★祝考试顺利★

 一 **考验眼力的连线题：**

晏殊	秦朝末年	即使真实身份成谜，江湖上依旧流传着本座的传说
鬼谷子	北宋时期	看起来就很好欺负的样子，曾经在酒后被迫与吴大帝对舞
陆逊	三国时期	三句话，让曹操为我哭干眼泪
张良	三国时期	看词作婉约柔弱，其实揍人超疼
郭嘉	战国时期	因为颜太好，时常被误认为女孩子

 二 **迷雾重重的单选题：**

1. 某日，曹操召某位军师商讨军国大事，席间面对这位军师，曹操不由得感叹："你好香啊！"请问这位军师多半是_____。

A 程昱　　　B. 荀彧　　　C. 贾诩　　　D. 许攸

2. 历朝历代都有一些因为业务水平极强，而被封神的历史人物，请问下列军师中，死后被尊为"狱神"的是_____。

A. 萧何　　　B. 张良　　　C. 管仲　　　D. 范蠡

3. 仙气飘飘的军师张良年轻时，曾从黄石老人处得到了一本秘籍，里面密密麻麻全是灭秦知识点，读完可做帝王师，请问这本秘籍的书名是_____。

A.《九阴真经》　　　　B.《太公兵法》

C.《五年楚汉，三年模拟》　　　D.《抓住汉王心的 100 种方法》

4. 请问"萧规曹随"的"曹"指的是历史上的_____。

A. 曹操　　　B. 曹冲　　　C. 曹参　　　D. 曹雪芹

三　到处是坑的多选题：

1. 如果军师界要组建"复仇者联盟"，需要成员拥有成熟的复仇经验，下列军师中满足这一条件的有_____。

A. 张良　B. 伍子胥　C. 李泌　D 孙膑

2. 假如你是"女装军师交流群"的群主，现在想要扩充群规模，请选出下列选项中女装过的军师_____。

A. 司马懿　　　B. 董贤　　　C. 王安石　　　D. 何晏

3. 蔡京六十大寿，在府中大宴宾客，请选出所有菜单上可能出现的美食_____。

A. 蟹黄馒头　　　B. 鹌鹑羹　　　C. 黄雀鲊　　　D. 拔丝地瓜

四 不得不慎的判断题：

1. 三国前线记者发回报道，称蜀汉丞相诸葛亮语出惊人，临阵痛骂王朗："皓首匹夫！苍髯老贼！"直接导致王朗怒火攻心之下跌下马背，当场猝死。（　）

2. 有八卦称，淝水之战在即，征讨大都督谢安却仍在和人下棋消遣，实在是没心没肺，更有知情者爆料，谢安这局棋的赌注竟然是山间一座豪华别墅，让人不得不感叹有钱人玩得真大。（　）

3. 班超"班定远"回忆起自己当年万里觅封侯的事迹时，不由得感叹道："西域的羊肉串香是香，但我还是最想念家乡的这口韭菜炒鸡蛋。"（　）

4. "太监军师"王振怂恿明英宗亲征瓦剌，仓皇退兵时专门绕道回自己老家，只为让同乡见识自己衣锦还乡的风采，行至半途，怕军马踩坏自家庄稼，又下令改道东行，直接导致明军全军覆没，皇帝被俘。（　）

参考答案

一

晏殊	北宋时期	看词作婉约柔弱，其实揍人超疼
鬼谷子	战国时期	即使真实身份成谜，江湖上依旧流传着本座的传说
陆逊	三国时期	看起来就很好欺负的样子，曾经在酒后被迫与吴大帝热辣对舞
张良	秦朝末年	因为颜太好，时常被误认为女孩子
郭嘉	三国时期	三句话，让曹操为我哭干眼泪

重点解析：

· 陆逊早年曾遭职场霸凌？

陈寿《三国志》中曾提到，陆逊刚刚继任都督时，公室贵戚和孙策旧将见陆逊一身书生气，对他多有不服，不听从他的命令。陆逊按剑道："国家所以屈诸君使相承望者，以仆有尺寸可称，能忍辱负重故也。"鼓励诸将齐心协力，共同对抗刘备和曹操，并强调军令有常，不可触犯。后来陆逊凭借足智多谋打败了刘备，诸将于是对他心悦诚服。

· 陆逊与孙权曾解衣共舞？

据《三国志·吴书》记载，陆逊在石亭大胜曹休，孙权为表爱重，不仅解下自己的金腰带赐给陆逊，亲自为他系好，还在醉后令陆逊起舞助兴，又解下白鼯子裘相赠，到后来更是忍不住与陆逊对舞，亲厚程度无人可及。 但孙权昔日也曾一车一车地给周瑜送漂亮衣服，动辄一亿地给吕蒙刷礼物，只能说，呵，男人！

· 张良男生女相？

司马迁在《史记·留侯世家》中记述，他曾见过张良的画像，并形容其"状貌如妇人好女"，诸葛亮也曾感叹过张良的相貌并不魁梧威风，然而却能运筹帷幄，决胜千里，成帝王之师。

1.B

2.A

3.B

4.C

重点解析：

1. 东晋《襄阳耆旧记》载："荀令君至人家，坐席三日香。"荀彧清秀通雅，瑰姿奇表，又喜欢熏香，所到之处香气缭绕，因其担任过尚书令，被尊称为"荀令君"，后人便用"留香荀令"代指美男子。西晋名将刘弘也效仿荀彧熏香，却因风度不及，被讥讽为"东施效颦"。

2. 汉相萧何因制定过著名法典《九章律》，被后世尊奉为狱神，清人《〈水浒传〉注略》中写道："狱中皆有萧王堂，祀萧何。其神青面，相传萧王判案。"不过关于狱神供奉谁，中国古代有多种版本，萧何只是其中一位。

3. 略。

4. "萧规曹随"指曹参代萧何为汉相后，仍遵照萧何制定的法令法规，无所改更，后代指按照前人的成规办事。

1.ABD

2.BD

3.ABC

重点解析：

1.略

2.司马懿：我看看谁选我了？我从来没穿过女装好吗？都是诸葛匹夫的锅！

《晋书》中记载："亮数挑战，帝不出，因遗帝巾帼妇人之饰。帝怒，表请决战，天子不许……"这里的"帝"指的就是司马懿，《三国演义》中也对此进行了描写，但不管是史书还是演义，司马懿都只是收到了诸葛亮送来的妇人服饰，并因此暴怒，从没真正穿上过。

3.北宋宰相蔡京生活极度奢靡，《东南纪闻》中说他请客吃蟹黄馒头，一顿便花费了1300余缗。他还喜吃黄雀鲊，仓库里囤积的黄雀鲊从地面堆到房顶，足足堆了三个房间。蔡京家厨房还常烹饪一种名叫"鹌鹑羹"的美食，只取鹌鹑舌，每顿要耗费数百只。这四个选项中唯一不可能出现的，只有"拔丝地瓜"，红薯是明朝末年才传入中国，蔡京再富贵也吃不到呀。

四

1.×

2.√

3.×

4.√

重点解析：

1.朋友们少刷点鬼畜视频吧！"诸葛亮骂死王朗"纯粹是《三国演义》作者罗

贯中杜撰的，历史上的王朗是位精通经学的鸿儒，德高望重，位列三公，但从未与诸葛亮在战场上正面交锋，更不是被诸葛亮骂死的。

2. 略。

3. 班超是西汉时期的外交家、军事家，根据《盐铁论》记载，此时虽已出现了将韭菜与鸡蛋一同烹饪的做法，但"炒"这种烹饪形式却还没有被广泛应用，"烹煮"才是饮食主流。"韭菜炒鸡蛋"的做法首次明确出现，是在南北朝时期贾思勰的《齐民要术》中，而"炒菜"真正普及到千家万户，则要等到冶铁业高速发展的宋朝了。

4. 离谱吧？更离谱的是，这么离谱的事居然是真的。

图书在版编目（CIP）数据

非正常军师联盟／夜观天花板 著.—武汉:长江出版社,2018.5
ISBN 978-7-5492-5732-4
Ⅰ.①非… Ⅱ.①夜… Ⅲ.①军事家-生平事迹-中国-古代
Ⅳ.①K825.2
中国版本图书馆CIP数据核字(2018)第087406号

非正常军师联盟 / 夜观天花板 著

出　　版	长江出版社				
	（武汉市解放大道1863号　邮政编码：430010）				
市场发行	长江出版社发行部				
网　　址	http://www.cjpress.com.cn				
选题策划	陈　辉　刘静薇				
责任编辑	钟一丹				
特约编辑	郭　昕　龚伊勤				
总 策 划	ZOO工作室		开　　本	710mm×1000mm 1/16	
装帧设计	殷　悦 杜　荁		印　　张	13.5	
印　　刷	武汉鸿印社科技有限公司		字　　数	210千字	
版　　次	2018年5月第1版		书　　号	ISBN-978-7-5492-5732-4	
印　　次	2024年7月第9次印刷		定　　价	45.00元	